あなたの雑談力を上げる！

まるで本当のような
嘘の話

トキオ・ナレッジ

ワニブックス
|PLUS|新書

はじめに

「雑談力」が最近、注目を集めている。

「営業マンには雑談力が必須！」「雑談力を磨いて、コミュニケーション能力を上げよう」などと、かつてはあまり地位の高いものではなかったと思われる「雑談」というものが、あたかも社会人に必須のスキルのように持ち上げられている。

しかし、あまた出されている『雑談力が向上する本』を読んでも、残念ながら雑談が上手になるとはかぎらない。なぜなら会話のトーンや話の聞き方、あいづちの打ち方などについて書かれた本が大半だし、それより何より、おもしろい雑談とは「雑学」という知識に裏打ちされている必要があるからだ。

英単語を覚えずに英会話をいくら習っても英語を話せるようにはならない。雑談力を上げるためは、どうでもいい知識＝雑学を常に仕入れる地道な努力を怠ってはいけない。

雑学こそ、大人の最高の教養なのだ。

さて、本書は、「まるで本当のような嘘の話」を集めた雑学本である。昔からよくある「嘘のような本当の話」の本じゃないのでご注意を。

「ぐっすりの語源は英語の〝グッド・スリープ〟である」といった「まことしやかな嘘」、すなわち、嘘なのにとてもよくできたストーリーのため語り継がれてきた話や、ずっと真実と信じられてきたエピソードが近年の研究によって嘘だと判明した話などを、「歴史」「自然・科学」「健康・食べ物」「日常生活」「芸能・スポーツ」の5つのジャンルに分けて59話厳選。さらに、話の本筋からちょっと脱線したうんちくもプラス。コラムとして「嘘のような本当の話」も収録した。どうでもいい話ばかりではあるが、どうでもいい知識をたくさんストックしていて、おもしろく他人に伝えられる人はどこでも人気者になれる。それこそが人生を楽しく豊かに過ごす秘訣なのだ（特に飲み屋において）。

本書が皆さんの真の雑談力を上げ、飲み屋でウケる一助になれば幸甚である。

もくじ

第4章 何気なく信じていた!? 日常に潜む嘘

第1章

教科書には書いてない!? 歴史の嘘

本当のような嘘 1

ニュートンの頭上にリンゴが落ちた。彼はその時「万有引力の法則」を発見！

ある日、リンゴの木の下に座っていたニュートンの頭にリンゴが落下。フツーの人なら「痛いじゃないか！」と愚痴りたくなるところだが、偉人ニュートンはさすが発想が違う。「なぜ、ものは落ちるのだろうか」と疑問に思ったのだ。そして「なぜ、月はリンゴと同じように、引力に引っ張られて地上へ落ちてこないのだろう」とも考えた。

「たぶん、月も地球に引っ張られているのだろう……。月は地球の周囲をまわる遠心力と引力が釣り合っているから落ちてこないのだ！　あらゆるものには、互いに引き合う力が働いているのだ！」

これが、アイザック・ニュートンの有名すぎる発見、「万有引力の法則」が生まれた瞬間である。

本当　万有引力はリンゴではなく、計算で発見された

　確かに、ニュートンの実家にはリンゴの木があった。しかし、彼がこの法則を発見するに至ったきっかけが、リンゴの落下でないことは記録からすでに明らかになっている。ではどうやって発見したのだろう?

　有力な説としては、惑星の運行などに関する「ケプラーの法則」を数学的に証明しようとしたことが挙げられる。宇宙の天体に遠心力や引力が働いていることは、ニュートン以前から知られていた。また、地上において物質が落下する性質があることも、すでにガリレオ・ガリレイが発表していた。

　ニュートンの考えが画期的だった点は、地上における力学（リンゴが落ちる運動）と、天体の動き（月の公転など）を同じ法則で説明できることを証明したところにある。

　ニュートンとリンゴのエピソードは、晩年、ニュートンが自宅で友人と話している時に、万有引力をわかりやすく説明するために、庭にあったリンゴの木を例に挙げたことに由来するようだ。その時の例え話に尾ひれがついて、広まったものとされている。

ニュートンの実家にあったリンゴの木（現在は、接ぎ木による2代目）の子孫が、実は東京にある。「ケントの花」と呼ばれる品種で、東京大学附属・小石川植物園に植えられている。１９６４年（昭和39年）に、イギリスから寄贈されたものだ。

! 逸話だらけの天才変人ニュートン

ニュートンは、自然科学史における空前絶後の大天才と呼ばれる。でも、天才と呼ばれる人には、奇人・変人が多いもの。ニュートンもご多分に漏れず、「卵と間違えて懐中時計を茹でた」「ズボンを穿いていないことに気づかず、役所に出仕した」「馬がつながれていない手綱を引いて歩いていた」など珍エピソードの宝庫だ。何か考え事をしていると、他のことがおろそかになる性格だったらしい。

ジョナサン・スウィフト作の小説『ガリバー旅行記』に登場する「ぼーっとしている学者」のモデルは、ニュートンであるとされる。この学者は、召使が話したり聞いたりしてほしい時に、叩かないと気がつかないほど、いつも上の空だった。

本当のような嘘 2

エデンの園でイブが食べた禁断の実はリンゴである

「天地創造」の話をご存知だろうか。

聖書には、〝神は6日間かけて天地とそこに住む生命を創った〟と書かれている。その時、神は自分の姿に似せて土塊から人間を創造し、その男に息を吹き込み命を与えた。「あ〜疲れた」と言ったかどうかはわからないが、すべてが完成し、満足した神は、7日目を安息日とした。こうして、日曜日ができたのである。

神に似せて創られた男を神はアダムと呼び、エデンの園の番人とした。エデンの園にはきれいな川が流れ、花は咲き乱れ、木々には果物がたわわに実る。アダムの仕事はその楽園を守ることだった。

アダムは楽園で鳥や動物と平和な日々を過ごしていた。しかし次第にアダムがどことなく寂しそうにしていることが多くなった。いくら猫や犬と戯れていたって、人間はたったひとり。話し相手もいない。そんなアダムの憂うつに気づいた神は、アダムのあばら骨をとって女性を創り、イブと名づけた。現金なもので、アダムはとたんにハッピーに！　裸のまま夫婦になった2人は、仲睦まじくエデンの園で暮らし始めた。

「ひとつだけ、やってはいけないことがある。エデンの園の中央に植えられた『善悪を知る木の実』だけは食べてはいけない」

神はそう2人に命じた。だが、人間は「いけない」といわれると、かえってやりたくなってしまうものである。

ある日のこと、イブがひとりでひなたぼっこをしていると、音もなく一匹のヘビが現れ、善悪を知る実を食べるようにそそのかした。

イブはほんの少しためらったが、ヘビの誘惑に負け、木の実に手を出してしまう。そして、やって来たアダムにもその実を差し出した。イブに首ったけのアダムは、神の言いつけも忘れて禁断の実をほおばった。

実を食べてしばらくすると、２人は突然自分たちが裸でいることに気づく。気づくというより、裸でいることが急に恥ずかしくなった。それでイチジクの葉で恥部を隠したものだから、すぐに神に知られるところとなった。

「楽園追放！」

追われるようにしてエデンの園を去ったアダムとイブには、その後、数々の試練が待ち受けていたのだった。

本当　禁断の実はリンゴとはかぎらない

実際のところ、旧約聖書には、２人が食べた禁断の実が「リンゴ」であるとは、ひと言も書かれてはいない。「善悪を知る木になる果実」、とだけ記されている。

ルネサンス期のイタリアではイチジクが禁断の実とされていて、ミケランジェロが手がけたシスティーナ礼拝堂の天井画にもイチジクが描かれている。東欧のスラブ語圏ではブドウやトマトといった解釈もされているし、ユダヤの律法学者の間では、伝統的に小麦を禁断の実としていたらしい。

ところで「アダムのリンゴ」とは、男性の大きく張り出したのど仏のことを指す。「禁断の実を食べているところを神に見つかりそうになり、あわててのどに放り込んだ」なんていう、まことしやかな解説まである。

「善悪を知る木の実」イコール「リンゴ」になった理由としては、ラテン語で「善悪を知る木」の「悪の」という形容詞にあたる「ｍａｌｕｓ」を、同じつづりの名詞である「リンゴ」と混同したという説が有力になっている。

本当のような

サンドイッチは、サンドイッチ伯爵が考案したから、サンドイッチという名前

薄切りのパンにレタスやトマト、ハム、チーズなど好みの具材を挟んだサンドイッチ。その名もサンドイッチ伯爵がトランプをしながら、片手で食事できるように考案したといわれている。やがて、この食べ物そのものを「サンドイッチ」と呼ぶようになった。

本当　サンドイッチは紀元前からあった！

実はパンに具材を乗せて食べる料理の起源は、なんと紀元前までさかのぼることができる。古代ローマに始まり、インドではナンにカレー、メキシコではタコスに肉などを挟んだりして、世界各地で大昔から食べられていた。中世ヨーロッパでは、古くなって堅くなったパンを、皿代わりに使う習慣もあったようだ。

ヨーロッパでは、パンに具材を挟んで食べるのは、もともと下層階級の人たちの食べ方だった。酒を飲みながら、あるいはギャンブルをしながら、「ながら食い」する時の行儀の悪い食べ方なのだ。やがて18世紀に入ると、その食べ方が上流階級にも波及したようなので、サンドイッチ伯爵がサンドイッチを食べた可能性は十分にある。

❗ 伯爵の子孫が営むサンドイッチ屋さんがある

では、「サンドイッチ伯爵が考案者」という誤解は、どこから生まれたのか?

このサンドイッチ伯爵は実在の人物で、18世紀イギリスの伯爵、ジョン・モンタギュー4世、サンドイッチ村の領主である。そう、サンドイッチとは土地の名前なのだ。日本でいうところの「薩摩守」「越前守」などと同じ。

「サンドイッチ」という名の料理が初めて登場したのは、伯爵と同時代の歴史家・ピエール＝ジャン・グロレスの著作『ロンドン』という本。

そこには、「サンドイッチ伯爵はカード賭博が三度の飯よりも大好き。食事をとる暇も惜しんでの熱中ぶり。どうしてもお腹がすいたら、パンに挟んだ牛肉を食べる。これなら、カードをしながら片手で食事をできるからだ。国民はこの食べ物をサンドイッチと呼ぶ」と書かれている。当時の政敵が、「貴族のくせに、庶民の食べ物を愛好している、だらしのない奴だ」という悪評のために、この噂を広めたともいわれている。

しかし、このサンドイッチ伯爵、ただのギャンブル好きの貴族ではなかった。しっかり仕事にも精を出して海軍卿や国務大臣までも務め、かの有名なジェームズ・クックの探検も支援した。ハワイ諸島は昔は「サンドイッチ諸島」と呼ばれていたし、南大西洋にもサウス・サンドイッチ諸島が現存するが、それらは彼を記念して名づけられたもの。

島の名前はともかく、自分の名前を冠した料理がここまで後世に受け継がれるとは、伯爵も想像だにしなかっただろう。そして彼の末裔《まつえい》・第11代サンドイッチ伯爵がイギリスでサンドイッチ店をオープンし、現在ではラスベガスなど全米でチェーン展開中。しかも美味しいと評判らしい。まさに本家本元である。

本当のような嘘 4

ジンギスカン鍋は、モンゴル民族が兜で肉を焼いたのが始まり？

北海道へ旅行に行くなら絶対に食べたい、羊の肉を使った焼肉・ジンギスカン。タレに漬け込んだ薄切りの羊肉と野菜を、中央がもり上がった鍋で焼いて食べる料理だ。じゅうじゅうと肉汁のしたたり落ちる音も食欲をそそってくれる。

ジンギスカン鍋は独特の形をしている。中央部分が凸形に盛り上がっていて、あたかも兜のよう。そのためか、モンゴル兵が兜で羊肉を焼いたのが起源らしい、と伝えられている。名前もモンゴルの英雄と同じなのだから……。

紀元前から草原遊牧国家であったモンゴルでは、日常的に羊肉料理を食していた。しかし、モンゴルにはジンギスカンはなかった。

実は、このジンギスカン、意外と歴史の浅い料理なのだ。

本当　実は日本で生まれた料理だった

ジンギスカンは明治以降、肉用を含めた綿羊の飼育が行なわれていた北海道で生まれた。東北帝国大学農学部出身で満州国建国に関わった駒井徳三が命名したという説があり、〝源義経＝チンギスハーン〟という都市伝説にちなんで名づけたともいわれる。

１９２６年（大正15年）頃の書物に、「ジンギスカン」の名前での記録が残っている。その記述によると、鍋は食材を加熱するためではなく、火鉢の代わりであり、鍋上に金網や鉄の棒を置いて、羊肉をあぶって、しょうゆにつけて食べる料理だったらしい。

日本における羊肉の普及は、羊毛の自給を目指す政府の計画がその端緒を開いた。羊毛は軍隊、警察、鉄道員用制服の素材として必要であったため、羊の飼育を開始。羊毛の生産拡大を早期に実現するために、羊肉も消費させようとお上はもくろんだのだ。

しかし、当時の日本では、羊肉を食べる習慣がなかったため、農商務省は東京女子高等師範学校（お茶の水女子大学の前身）に羊肉料理の研究を委託。その流れで、ジンギスカン料理は生まれた。

❗ 羊料理は、中国からやってきた

ジンギスカンの本格的な普及は、第2次世界大戦前後の食料不足がきっかけとなり、日本政府が羊肉消費促進運動を進めたことによる。東京・杉並区にあった「成吉思荘」という名のレストランで、初めてこの料理はメニューに並んだらしい。

兜型の専用鍋は昭和初期になってから、その原型が現れてきたという。ドーナツ状になっている平坦な部分に野菜を載せて焼くが、凸部分で焼いた肉の肉汁がそこにしたたり落ちて野菜にしみ込む。この焼き方になるまでは、野菜の上で羊肉を蒸し焼きにしたり、うどんを入れて焼いていたりしたという。

日本のジンギスカン料理は、中国料理のカオヤンロウ（烤羊肉）などの影響のほうが強いとされている。中国における羊肉料理の歴史もまた古く、例えば「羨ましい」という漢字は、美味しそうな羊肉料理を見て、よだれを流す人の形からできたとか。

本当のような嘘 5

父の大切な桜を切ってしまった！　でも、少年ワシントンは、正直に告白した

アメリカの初代大統領、ジョージ・ワシントン。

１７３２年生まれ。アメリカ独立戦争を勝利に導いた「アメリカ建国の父」である。

彼がまだ少年だった頃、斧を手に入れ、嬉しくていろいろと切り倒しているうちに、父親の自慢の桜を切り倒してしまった。ああ、厳格な父にきっと怒られるだろう。でも、少年ワシントンは嘘をつくことができず、自分が犯人であることを素直に告白した。

すると、父親は「お前の正直な告白は、千本の桜の木よりも値打ちがある」と、ワシントンをほめ、叱ることはなかった。

「だから、みんなも悪いことをしてしまっても、正直に言おうね！　嘘はいけないよ」

多くの人が幼い頃、親や学校の先生に教えられたであろう美談である。

本当 教科書に書かれ続けた嘘の美談

ワシントン少年と桜の木の逸話はとても美しいものだが、残念ながらでっちあげだったことが判明している。

この美談の創作者は、メイソン・ロック・ウィームズという作家だ。彼はワシントンの伝記を執筆し、その中にこのエピソードをつづった。しかも初版には書かれておらず、第5版（1806年）から登場する。本の中で、「遠縁の」女性から聞いたと語っている。

当時、アメリカは「神の国」、ワシントンを「救世主」「神の子」として、広く尊敬を集めなくてはいけなかった。そんな世相を反映して、ワシントンのこの逸話は生み出され、人々に受け入れられた。とはいえ、世間様を納得させるだけの人徳が、ワシントンにあったことは疑いようもない事実である。

この美しい逸話は、アメリカ史の教科書に100年以上も掲載され続けた。ウィームズの本も80版を超えるベストセラーとなり、のちにアメリカ大統領となるリンカーンやウィルソンも、この伝記を手にしていた。

❗ワシントンD.C.に桜を根づかせた国、日本

　1912年（明治45年）、アメリカの首都・ワシントンD.C.に桜の木が贈呈された。贈り主は日本である。実はそれよりも3年前に、東京市長（当時）の尾崎行雄が桜の苗木10種・2000本をプレゼントしようとしていた。ところが、病虫害のため貿易検査が通らず、すべて焼却処分されてしまったのだ。

　尾崎は失敗を乗り越え、研究を重ね、健康な苗木の育成に成功。ソメイヨシノ他9種3000本を再度贈った。桜は見事にポトマック河畔で開花した。やがて、アメリカの気候風土に適合し、交雑も起きて2代目、3代目も誕生。

　1935年から、ワシントンD.C.で始められた「全米桜まつり」は、今や春の風物詩。2週間にわたって開催され、アメリカ中から約70万人もの人々が訪れる一大イベントとなっている。

本当のような

宮本武蔵の勝因は遅刻作戦。イラついた小次郎は平常心を失った

時は1612年（慶長17年）、長門国・舟島。約束の辰の刻（午前8時）に先駆けて到着した佐々木小次郎。辰の刻を2時間過ぎても姿を現さない宮本武蔵を待ちわびていた。当の武蔵はこの時、舟島に向かう小舟の上で、舟の櫂を削り木刀を作っている。

波間に目を凝らす小次郎の目に、やっと見え隠れしはじめた舟影。やがて舳先で悠然と腕組みをする武蔵の姿があらわになると、小次郎の焦燥は募るのだった。武蔵の舟が岸に着くなり腰に差した刀を抜き、鞘を投げ捨てて相対する小次郎。

猛る相手に武蔵は一言、「小次郎、敗れたり」。

あまりにも有名な「巌流島の決闘」のワンシーンだ。結末はご存知の通り。海を背にした武蔵に小次郎が敢然と斬りかかるも、武蔵の木刀が小次郎の脳天を打ち砕く。

本当 小説は事実よりも奇なり

最近の研究では、宮本武蔵の遅刻説も、一撃必殺の決闘シーンも創作だという説が有力になっている。日本人が一般的に抱く「巌流島の戦い」のイメージは、吉川英治の小説『宮本武蔵』によって決定づけられたものであり、吉川英治が元ネタに選んだのは、主に『二天記』だといわれる。これは武蔵を開祖とする二天一流の師範であった豊田正脩の息子、豊田景英が、巌流島の決闘から100年以上の時を経た1776年に書いたものと伝えられる。しかも父の書いた『武公伝』をベースに書かれたものとされていて、吉川版の元ネタ自体がすでに小説じみていたという意見も多い。

1672年に門司城代の沼田氏の家人が書いた『沼田家記』によれば、武蔵は遅刻していない。小次郎は武蔵の剣では死なず、潜んでいた武蔵の弟子たちに殺された。そんな卑怯な武蔵に憤慨した小次郎の弟子たちが仇討ちを仕掛けたので、武蔵は門司の沼田氏に助けを求め、豊後（大分県）まで送ってもらった。武蔵は卑怯な作戦は講じなかったにせよ、弟子の加勢を得たうえ他人の助けを借りて逃げ回ったのか、真実は闇の中だ。

ともあれ、吉川英治の作品は、あくまで小説だ。史実をモチーフにして描かれてはいるが、真実ではない。吉川自身、『宮本武蔵』の執筆にあたっては膨大な資料を参照し、その中から自身が選んだ事柄をつなぎあわせて書いたと語っている。

小次郎は20歳か？　60歳か？

決闘時の武蔵の年齢については概ね20代に限定されているが、つばめ返しの剣術を華麗に操る美少年とされた小次郎が、実は老人だったという説もある。そもそも「佐々木小次郎」という名前さえ、古い史料には出てこない。

武蔵の養子である伊織の記述によれば「〝岩流〟と名乗る兵術の達人が武蔵に真剣勝負を申し込んだ」とある。決闘の場となった島の正式名称は今も昔も舟島であり、武蔵の決闘相手の名をとって巌流島と呼ばれているのだ。そうして、ひもといていくと、巌流島の決闘が実際にあったかどうかという話まで疑わしくなる。

武蔵と小次郎の決闘について最初の記録として残っているのが、前述の養子・伊織が

１６５４年、自然石に刻んだ通称「小倉碑文」。養子の残したものだから信憑性《しんぴょうせい》があるともいわれるが、もうひとつ不思議なことがある。なんと、宮本武蔵自身が記した自伝的書物『五輪書』には、小次郎の小の字も、巌流島（舟島）の名前も出てこないのだ。後世の我々が勝手に、武蔵の人生のハイライトのように感じている決闘だというのに。

そんな謎もまた歴史ロマンなのか。

ひとつはっきりしているのは、小説など優れたエンタテインメントは時として、これほどまでに大きな浸透力を持つということだ。

本当のような

7

漬物の「たくあん」は、沢庵和尚にちなんでつけられた名である！

ポリポリとした食感と素朴な風味で日本人に親しまれている漬物界の代表格「たくあん漬け」。その由来については、次のような逸話が残っている。

臨済宗の僧・沢庵宗彭（沢庵和尚）は、東海寺（東京都品川区）で最晩年の5年間を過ごした。ある時、徳川三代将軍・家光公が寺を訪れ「何か珍しい食べ物はないか」と所望したという。そこで供されたのが、この漬物であった。

家光公は出された漬物をとても気に入り、その名を尋ねた。和尚は「特に決まった名前はない」と答えた。すると、家光公は和尚の名にちなんで、その漬物を「たくあん（沢庵）漬け」と命名した。

沢庵和尚は10歳で出家。大徳寺住持にまで栄進した名僧でありながら、日頃から質素な暮らしぶりだったという。その和尚が塩を主体とした大根の貯え漬けに、米ぬかや甘柿の実などを入れて改良した。これが、たくあん漬けだと伝えられている。

本当▶全国にさまざまな伝説がある

たくあん漬けと沢庵和尚を結びつける伝承を、もうひとつ紹介しよう。東海寺にある和尚の墓石が、大根を漬ける丸い漬物石に似ているというのだ。

このように、両者に何らかの関係性があったとする史料はいくつか見受けられるが、前述した家光公とのエピソードを裏づける文献は残っていない。

語源については諸説ある。江戸時代、野菜を塩に漬けた保存食を「貯え漬け」といい、それがなまって「たくあん」になったという説。関西や九州地方では塩と麹で漬け込んだものを「じゃくあん」と呼んでおり、これに由来するという説、などだ。

平安時代には、すでに似たような製法の漬物が存在していたともいう。そもそも誰が考案したものかすら、定かではないのだ。

寛永6年（1629年）、沢庵和尚は朝廷と幕府が対立した「紫衣《しえ》事件」で幕府に抗議した咎《とが》により、現在の山形県にある上山の地に流された。上山城主・土岐頼行は「春雨庵」という庵を建て、彼を厚遇した。沢庵和尚は、その豊かな教養をもって上山藩の人々の教導に励んだという。〝たくあん漬け〟の伝授もそのひとつである。

現在でも11月には「香の物祭」と呼ばれる、沢庵禅師の遺徳をしのぶ供養祭と、たくあんの漬け込み式が春雨庵で開催されている。

❗ たくあん漬けの枚数の謎

和食の店などに行くと小皿で出されるたくあん漬けの枚数は、地域によって異なる。

武士が中心だった江戸では一切れは「人斬れ」、三切れは「身斬れ＝切腹」を連想させるとして嫌われたため、二切れ出されることが多い。

一方、関西では三切れは三方（三宝＝仏・法・僧）につながってよいとされている。いずれも縁起かつぎなのだ。今度、お店でたくあんが出てきたら、枚数を数えてみよう。

本当のような嘘 8

ベートーベンの名曲「エリーゼのために」は18歳の少女の名から生まれた

天才音楽家として知られる、楽聖ベートーベン。18世紀のドイツに生まれ、やはり音楽家だった父親に音楽の手ほどきを受けるや、たちまち頭角を現した。

しかし、20代で作曲家としての名声を獲得する頃、彼は難聴に悩むようになった。音楽家にとって、音が聞こえないのは致命的。ベートーベンは自殺を考えるほど思い詰めたという。だが、メトロノームの振動などを頼りに、『悲愴』『月光』『田園』『運命』と歴史に残る名曲を立て続けに発表した。

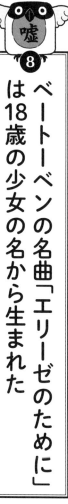

ベートーベンの人となりについては、さまざまなエピソードが残されている。

若き頃のベートーベンはなかなかの男前で、お洒落でもあったという。しかし、毎日飲むコーヒー豆の数を決めて煎れるほどの偏執狂的な性格で、居を移した回数は70回とも80回ともいわれる引っ越し魔。すぐ逆上し、のめり込むとトイレに行くのも忘れる、といった奇人だったため、雇い人も短期間で辞めていった。人の会話が聞こえない、という弱点もベートーベンを人間嫌い、社交嫌いにした。その結果、次第に身なりにも気をつかわなくなっていったようだ。

当時のベートーベンの日記には「4月17日コックを雇う。5月16日そのコックをクビにする。5月30日家政婦を雇う。7月1日新しいコックを雇い入れる。7月28日、コック逃げる。8月28日家政婦が辞める。9月9日お手伝いを雇う。10月22日お手伝い辞める」……といった記録がずっと続く。

ベートーベンは生涯、結果的に独身だったが、女性嫌いだった、というわけではない。どちらかというといつも恋をしていたタイプ。愛人もいたが、片思いのお相手は身分違いの貴族の女性や既婚者。手が届かない相手に恋をしているのが好きだったようだ。「不滅の恋人」という謎めいた女性に宛てた恋文が3通発見されてもいる。これはベートーベンが42歳の時のもの。中身は情熱的で恋の煩悶を延々とつづってある。「不滅の恋人」が誰であるかは長年の謎だったが、今ではフランクフルトの商人の妻、アントニエ・ブレンターノではないか、という説が有力だ。

では本題。名曲「エリーゼのために」の「エリーゼ」もベートーベンの恋人だったのか。

本当 本当の曲名は「テレーゼのために」だった

研究者たちはベートーベンの周辺を探しまわったが、エリーゼという女性を発見することができなかった。しかし、謎は後年、意外なところから解決したのである。

1810年頃に、ドイツでベートーベンにピアノを教わっていたテレーゼ・マルファッティという女性がいた。18歳の彼女に39歳だったベートーベンが一方的に恋をして、直筆の楽譜をプレゼントした、という事実を、ベートーベンの研究者マックス・ウンガー教授が1923年に発表したのだ。

テレーゼ・フォン・ドロスディック男爵夫人となった彼女の文箱からベートーベンの直筆の楽譜が発見されたという。そこには、「テレーゼのために4月27日に。ベートーベンへの思い出のために」と書かれていたそう。筆跡鑑定の結果、ベートーベンの書いた「Therese」は「Elise」と読めることが判明した。彼は恐ろしいほどの悪筆だったのだ。この恋は成就せず、テレーゼはドロスディック男爵と結婚してしまったわけだが、楽譜は破棄されなかったのだ。ただしその後、楽譜は行方不明になってしまう。

本来なら「テレーゼのために」であったはずの名曲「エリーゼのために」。名前は違えども、名曲であることに変わりはない。

1826年、自分の跡継ぎにと考えていた最愛の甥・カールの自殺未遂が引き金になり、生きる気力を失ったベートーベンは翌年3月、肝硬変でこの世を去った。享年56、最期の言葉はラテン語でこうつぶやかれたという。

「諸君、喝采を！　喜劇は終わった」

本当のような嘘 9

日本で初めての新婚旅行をしたのは、幕末の志士・坂本龍馬である

「幕末の英雄」と評される坂本龍馬は、歴史上の人物の中でも高い人気を誇るひとり。その証拠に、大河ドラマや小説、マンガ、アニメなどの主人公に選ばれた回数は、数かぎりない。幕末から維新にかけて激動の世の中を、枠にとらわれない自由な生き方で駆け抜け、歴史上に輝かしい名を残した。

そんな龍馬が、京都伏見の寺田屋で幕府の役人たちに襲撃され重傷を負ったのは、有名な史実。その療養を兼ね、妻のおりょうとともに船で薩摩藩へ向かった。この鹿児島行きの旅行が、「日本初の新婚旅行」だと語り継がれている。あなたもクイズ番組などで、見かけたことがあるのではないだろうか。

本当▼「新婚旅行」というのは小説の中での話

さてここで、以下の文章をちょっと読んでいただきたい。

「新婚旅行である。この男は、勝からそういう西洋風俗があるのをきいている。いっそのこと、風雲をそとに、鹿児島、霧島、高千穂と、おりょうを連れて新婚旅行にまわるのも一興ではないか。（中略）『縁結びの物見遊山だぜ』この風俗の日本での皮切りは、この男であったといっていい。」

これはご存知、司馬遼太郎作『竜馬がゆく』（文春文庫　第6巻）の一節である。あまりにも有名な人気作のため、読者はストーリーにのめり込み、その巧みな筆致に小説であることを思わず忘れてしまう……そこから事実だと誤認したと考えられる。

そう、この「日本初の新婚旅行」という点は、正確には司馬遼太郎の創作なのである。

実際のところ、龍馬とおりょうは薩摩藩の藩船で北九州へ行っている。霧島温泉などで傷を癒やし、高千穂峰への登山や釣りなども楽しんだ旅だったという。

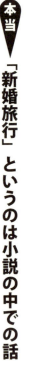

龍馬が姉の乙女へ宛てた手紙が何通も残っているので、現在でもその旅程が確認できる。史実として、いくつもの確かな証拠が残っているため、新婚旅行に行ったも同然とみなされたと類推できる。

しかし、この旅行には薩摩藩の吉井友実がところどころ案内役として同行していたから、〝2人きりのハネムーン〟という甘いイメージとはかけ離れているけれども。

ただし、当時はまだ「新婚旅行」という習慣がなかった。本人たちにその自覚があったという証《あかし》は、司馬遼太郎の小説以外には見当たらない。

さて、最後に小ネタをひとつ。坂本龍馬は偉人の中でも、とりわけ銅像の数が多い。本人が訪れていない北海道の函館や、東京にある高知県のアンテナショップ前などにも置かれており、京都の寺田屋の近くにも「龍馬とお龍　愛の旅路像」がある。これはNHKの大河ドラマ『龍馬伝』放送の翌年（2011年）に建てられたものであり、どことなく俳優の福山雅治を彷彿させるイケメン像だと評判だ。

本当のような嘘 10

赤穂浪士が吉良邸に討ち入りした夜、外はしんしんと雪が降っていた

もはや年末の風物詩。毎年必ず多くの視聴者の涙を誘う『忠臣蔵』。映画やドラマなどで繰り返される日本人好みの忠義美談は、いまさら語るまでもないだろう。

江戸城の「松の廊下」で繰り広げられた刃傷沙汰。吉良上野介に斬りかかった浅野内匠頭は即刻切腹を命じられ、浅野家はお家断絶。あまりにも一方的な処分に憤った浅野家の忠臣たちは、主君の恨みを晴らすため、吉良邸への討ち入りを決行するのだった。

主君の切腹から約1年9カ月後、満を持して憎い敵《かたき》の首をとった赤穂浪士たち。旧暦12月15日未明、心をひとつに白い雪を踏みしめながら吉良邸に向かうシーンは、ドラマの見せ場のひとつだろう。何度も観て、話の流れも結末もすべてわかっているというのに、手に汗を握る心持ちとはこれいかに。

クライマックスを盛り上げるかのように、ドラマなどの映像では、必ずといっていいほど空から雪が降っている。物言いをつけたいのはそこなのだ。

本当　雪が降っていたのは前日。当日は曇りとも快晴とも

雪の中の行軍は嘘ではないが、それは前日に降った雪の残りだった。雪が残っていたのがポイントで、そのためにわざわざこの日に決行したという説もある。雪には静音効果があり、音を吸収する。大勢の侍がそれと気づかれずに吉良邸に辿り着くために、雪の効果を利用したというわけだ。また、冬の遅い夜明けのおかげで、人々が寝静まってから移動を開始しても、夜明けまでに十分時間があるという考えもあったのだろう。

討ち入りした赤穂浪士たちは、ご存知の通り、無事仇討ちを果たした後に自首し、切腹の処分を受ける。切腹を待つまでの数カ月、義士のひとり、小野寺十内が妻に出した手紙にこんな一節があるという。

「(討ち入りに出発した際) きのうふりたる雪の上に……」

また、義士たちの辞世の句には雪の文字が入ったものが複数見られるが、そのうちのひとつは「雪はれて、思ひを遂るあしたかな」。句なので時系列や事実ははっきりしないが、そう思って見ると、これも運命の日が雪の翌日だった証拠かのように思えてくる。

❗年末の風物詩は新年の出来事だった？

元禄15年12月15日は、現在の西暦で1703年1月31日にあたる。当時、武士の1日は現在と同じ深夜0時から始まったが、庶民にとっては夜明けが1日の始まりだった。つまり討ち入りは武士にとっては15日の未明、庶民にとっては14日の深夜ということになる。赤穂浪士たちが葬られた泉岳寺では、毎年12月14日に義士祭が行なわれているのはそのためだ。

降りしきる雪は演出だったかもしれないが、日本人の心の物語ともいえる『忠臣蔵』の魅力が色あせることはない。

本当のような

〝ご当地ラーメン〟は、幕末の動乱で米を断たれた藩で生まれた料理である

中国が発祥の地でありながら日本で独自の進化を遂げて、今や完全に国民食として定着したラーメン。全国各地にはその土地の名物である〝ご当地ラーメン〟なども存在して、多くの観光客を呼びこんでいる。

ご当地ラーメンが古くから根づいている地方の代表例として、あっさり系スープの喜多方ラーメンの福島県喜多方市、豚骨スープの博多ラーメンの福岡県福岡市、ショウガの風味が特徴の長岡ラーメンの新潟県長岡市などが挙げられる。

ところで、これらの土地には共通点があるという説を聞いたことはないだろうか？　歴史好きの人ならピンと来たかもしれない。

かつては、福島県喜多方市は会津藩、福岡県福岡市は黒田藩、新潟県長岡市は越後長岡藩の所領であり、この3藩とも幕末期に、旧体制の幕府側について新政府側と戦った。新政府にたてついたため、3藩は米の供給が減らされ、米に代わる栄養源として小麦に頼ったため、その影響で独自のラーメン文化が花開いたというのである。

本当 ご当地ラーメンと明治維新は関係ない

実は米が日本人の主食になったのは、昭和に入ってからのことなのだ。民俗学者の柳田國男によると、明治時代、多くの農民は日頃は麦や粟などを食べ、めでたい日だけ米を食べていたという。喜多方、福岡、長岡が米を食べられなかった土地だったとしても、明治時代には特に珍しいことではなかった。つまり、ご当地ラーメン誕生と明治維新には直接の関係はないわけだ。

歴史をさかのぼると、日本で初めてラーメンを食べたのは、水戸黄門こと徳川光圀だといわれている。中国から日本に来た儒学者の朱舜水が「中国の食べ物です」と光圀に献上した汁麺こそが、日本におけるラーメンの元祖なのだ。なお、この時のラーメンは、豚や鶏で出汁をとったスープに、レンコンの粉を練り込んだ小麦粉の麺を入れたものだったという。

日本でラーメンが初めて食べられたのは江戸時代のことだが、一説に、現在のラーメンのルーツは明治時代に神戸や横浜の中華街で出された〝南京そば〟ではないかといわれている。また、現在の醤油ラーメンの元祖は、大正時代に北海道の竹屋食堂で作られたものという説もある。

いずれにせよ、中国からやってきたラーメンが、明治時代から昭和の初期にかけ、日本人好みの形にアレンジされていき、それが今のラーメンにつながっているということは間違いない。

ご当地ラーメン成立の背景

では、ご当地ラーメンの成立には、どういう背景があるのだろう?

喜多方ラーメンのルーツは、昭和初期に中国人の青年が始めた屋台ラーメンにあるといわれている。喜多方ラーメンがこれほどまで有名になったのは、喜多方が〝蔵の町〟として、全国的に知名度があったからだ。蔵見学目当てにやってきた観光客が喜多方ラーメンを食べて、その美味しさを全国に広めていった。

博多ラーメンに関しては諸説がある。1937年に福岡県久留米市で創業した「南京千両」や1947年創業の「三九」という屋台がそのルーツだという。これらの店の味が九州の各地に広がり、博多では魚市場と隣接した屋台街で定着した。市場で働く忙しい人々に短時間で大量にラーメンを提供するために、博多ラーメンならではの細麺と替え玉というスタイルも生まれた。博多市中央区長浜にある「元祖長浜屋」が替え玉・細麺発祥の店といわれている。

また新潟県には、長岡ラーメン以外にも多種多様なご当地ラーメンが存在し、知る人ぞ知るラーメン王国である。例えば、大量の背脂に極太麺が特徴の燕三条背脂ラーメンは、燕三条周辺の洋食器や金物を作る工場の労働者の要望に応えて作られたものだ。

ともあれ、ご当地ラーメンと明治維新が関係ありとは、もっともらしい嘘である。

本当のような嘘 12

「ハロー」という挨拶の言葉は知られざるエジソンの大発明である

「電話の父」と呼ばれるグラハム・ベル。１８７６年2月14日、彼は完成した電話機の特許を出願した。だがその１カ月前の1月14日、蓄音機や白熱灯の生みの親である発明王・エジソンもまた電話機の特許を申請していたのだ。

残念なことに、エジソンが提出した書類に不備があったため特許は不受理となり、彼は電話の発明者になりそこねてしまった。

しかし、エジソンはある発明によって、全米に電話を普及させた大功労者である。

電話が発明された当初、電話がかかってきた人は、それまで「声」が遠くから届くということは考えもしなかったために、受話器を取っても、黙ってフリーズしてしまうのが常であった。そこでエジソンは、「電話を取ったら『ハロー（Ｈｅｌｌｏ）』と言おう！」

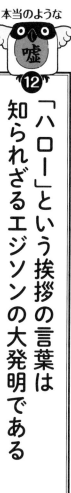

という大キャンペーンを全米で展開したという。

エジソンは少年期のアクシデントにより、ずっと聴覚障害で悩んでいたため、明瞭に聞き取れて簡単で語呂のいい言葉という理由で作った言葉らしい。

もし「ハロー」がなければ「ハイ！（Ｈｉ！）」も生まれなかった。「ハロー」という挨拶はエジソンの知られざる大発明といっていいだろう。

本当 エジソン以前から「ハロー」は使われていた

このエピソードは、エジソンの信奉者によって唱えられたものであるようだ。それ以前の１８７２年にマーク・トウェインが発表した作品『西部放浪記』で、すでに「ハロー」が使われているし、19世紀前半に使われはじめた言葉であることが確認されている。

エジソンはベルが電話の特許を取得した翌年、音質と使用電力を改善した電話機を発表し、これが現在の電話の原型となっている。この改良電話の売り込みとセットで「ハロー」という言葉の普及が進み、１８７９年頃には電話の説明書にも「ハロー」が記載されたり、電話交換手も「ハローガール」と呼ばれるようになったりして定着していったようだ。1883年にはアメリカの辞書にも載った。

「ハロー」がエジソンの発明というのは事実ではないにせよ、日本でいえば「もしもし」にあたる電話の挨拶に初めて使ったというのは、どうも本当らしい。一方のベルは「アホイ」（ahoy）という、海上で他の船に呼びかける挨拶を提唱していた。電話の発明競争には勝ったベルだが、電話での挨拶競争ではエジソンの後塵を拝したということだ。

知られざる「FAXの父」の不運

実はベルが電話の特許を申請したわずか2時間後に、イライシャ・グレイという男も独自に発明した電話機の特許を出願に来ていた。しかしアメリカの特許制度は先に出願した人を優先する「先出願主義」を採っていたため、残念ながらグレイは電話の発明者になることができなかった。グレイはその後、ファクシミリの原理を発明し「電話の父」ならぬ、「FAXの父」として歴史にその名を残すことになる。

嘘のような本当の話❶

テレビの競馬中継で馬が走る音は合成音！

競馬ファンの中には競馬場ではなく、テレビでレースを観戦する人も多いだろう。テレビの競馬中継の醍醐味は、名実況もさることながら、心を躍らせてくれるようにターフを駆け抜ける高らかな馬の足音。しかし、この足音は合成音なのだ！

実際に馬が走っている音をマイクで拾おうとすると、騎手の声など余計な雑音もまぎれ込んでしまうからだという。テレビの視聴者が競馬場にいるような臨場感を味わえるよう、あえて別に馬の走る音だけを収録してつけ足しているのだ。

また、スタート時にゲートが開く音も作られた効果音だ。ある時に競馬中継で、ゲートの開く音が実際に開くよりも先に流れてしまったことがあった。その時は「放送事故か？」と問い合わせが殺到したらしい。しかし、わずか数分の間に興奮と大金が集中するゲームだけに、中継する側の緊張も半端なものではないだろう。

ゲートの効果音は競馬場ごとに使い分けられているようなので、各開催の中継を聞き比べてみたり、実際に競馬場に行ってテレビの音と比較してみるのもまた一興だ。

第2章

次々と覆される定説!?　自然・科学の嘘

本当のような嘘 13

地球の表面の重力は、世界中どこでも同じである

重力と引力の違いは何か、あなたはご存知だろうか？

重力とは、その物体の重さの原因になっている力のことを指し、引力とは文字通り、物と物とが引き合う力のことを指す。すべての物質には大なり小なり、ほかの物質を引っ張る力が働いているのだ。そう、第1章で登場したニュートンの「万有引力」である。

例えば、リンゴを1メートルの高さから落としたとする。この時、なぜリンゴが落ちるのかといえば、地球とリンゴとが引っ張り合いをした結果、地球の引力のほうがリンゴの引力とは比較にならないくらい大きいため、リンゴが一方的に引っ張られて、落下していくように見えるという次第である。

引力は地球の中心に向けて引っ張る力のことを指す場合もある。地球は自転している

ので、外側に向かって遠心力が働いている。これを無視して重力は語れない。その地球の表面の重力は、世界中どこでも同じ。正解か否か？

本当　赤道直下や高い山の上は重力が弱い

地球は北極と南極を軸に回転しているので、自転軸と垂直に遠心力が働いている。すなわち、赤道付近の遠心力が一番大きく、北極や南極は遠心力が小さい、という理屈になる。実際にその通りで、その差は0.5％ほどだという。赤道直下で測れば、時速約1700キロの速さで地球はまわっているのだ。

つまり重力とは、引力と遠心力を合わせた力。なので、遠心力が場所によって異なれば、当然、重力も違ってくる。ちなみに、高い山の上も遠心力が大きくなるので、高い場所に登れば登るほど重力も弱くなる。

ダイエット中の人は、遠心力が強い場所、例えば赤道直下の高山などに体重計を持参して測ったら、束の間の喜びに浸れるかも？　ちなみに北極で体重50キロの人が赤道直下では49・75キロに、札幌で体重50キロの人が、那覇では49・93キロになる程度だけど。

！ 無重力状態ができるわけ

宇宙ステーションなどで、宇宙飛行士たちがフワフワ浮いている映像が送られてくるのをよく目にする。重力ゼロ、いわゆる「無重力状態」だ。宇宙船の中の無重力状態はなぜ起きるのだろう?

こちらも同じ理屈で、重力は地球の引力に対して宇宙ステーションが地球を周回している遠心力とのバランスで作られるのだから、引力と遠心力がほとんど等しくなっているということだ。地球と同じ猛スピードでまわっている宇宙ステーションの遠心力が、質量が大きな地球からかなり離れることで地球の引力と釣り合ってしまうため、重力ゼロの状態になっているのである。

さらに余談ながら、重力が弱い場所、南の島や高い山にいくと人間はウキウキするらしい。まさに身も心も軽くなるというわけだ。

本当のような

地球の引力により、月と地球は1年に約4センチずつ近づいている

月が地球に衝突する危機。パニック映画などによく描かれるシチュエーションだが、これは、実際に起こり得ることなのだろうか。

月は約27・3日で地球のまわりを1周している。地球の周径は約4万キロ、月と地球の平均距離は約38万キロ。これだけの距離があるおかげで、地球からの引力と、地球の周囲をまわる遠心力のバランスが釣り合っている。そうでなければ、地球の引力に引き寄せられて、月は落ちてきてしまうはずだ。

宇宙はかくも微妙なバランスで成立しているわけだが、今現在、地球と月の距離が完全に一定というわけではない。月と地球が1年に約4センチずつ近づいているという説もある。

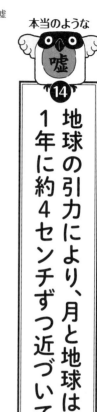

本当 地球と月は少しずつ離れている

大昔、地球と月は今よりずっと近かった。45億5000万年ほど前、ほぼ同時に生まれたとされる地球と月は、当時2万キロ程度しか離れていなかったといわれている。現在の約19分の1の距離だ。

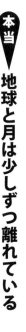

つまり、直径で19倍、面積にして約360倍もの大きさに見えていたことになる。それが1年に3～4センチずつ離れていくことにより、今、我々が見ている月の状況となったわけだ。ちなみに、誕生当時の地球の1日は4時間。月が遠ざかることで、地球の自転は遅くなる。つまり1日が長くなったということだ。

とはいえ、月はどんどん離れていく一方ではなく、ちょうどよいポイントで落ち着くとされている。それまでに約50億年かかるというから、まさに天文学的数字。その頃は、地球の1日は140時間以上にもなっている計算になるのだが……。

しかしそこで問題なのは、太陽の寿命。残り50億年と推測されており、それが正しければ、地球と月の関係がやっと安定した頃に太陽がヘリウム核融合を起こす。地球も月も、水星や金星も太陽風で吹き飛ばされてしまうというから壮大なエンディングである。

！もしも月がパチンコ玉だったなら……

地球と月の大きさや距離の関係を、身近な物で比べてみよう。あくまでおおよそだが、地球をピンポン玉と考えると、月はパチンコ玉。この場合の両者の距離は1メートル10センチだ。ちなみに太陽の大きさは、相撲の土俵程度となる。

月は地球のまわりを楕円の軌道を描いて周回している。つまり、満月や三日月などのように見え方が違うだけでなく、距離的にも地球に近づいたり離れたりしている。前出の約38万キロを平均距離と述べたのはそのため。最も近づいた時は35万6400キロ、離れた時は40万6700キロとなる。

古今東西、信仰やロマンの対象である月と地球とは、互いに影響を与えながら、絶妙なバランスを保っている。50億年後はともかくとして、人類が地球上にいる間は、なんとかいい関係を保ってほしいものだ。

本当のような

木の切り株に見える年輪で、東西南北の方角がわかる

子どもの頃、林間学校などで「木の切り株を見ると方向がわかるよ。年輪の幅が広いほうが南側、太陽の光をたくさん浴びて成長するから」と教わった経験はないだろうか？年輪の中心からの長さが長いほうが日当たりのいい南側、というのは一見説得力があるように思えるが、実はまったくの嘘である。実際、山に生えている木の切り株を見比べてみても、方向には関係なく、木によっても年輪の広さはまちまち。そもそも日光によって成長が違うなら、丸い幹は形成されず、ものすごく偏った楕円形になるはずだ。とはいえ、木の年輪は実にたくさんの情報を集積していて、その研究だけで「年輪年代学」という学問の1ジャンルになっているほど。

基本的に、1本1本の年輪はそれぞれ1年で形成されている（1年輪と呼ばれる）ので、年輪の数はその木の年齢である。気候条件の悪い年には成長が阻害されて、年輪の幅は狭くなり、逆に条件のよい年には順調に成長するので、年輪の幅は広くなる。

本当　木の年輪で東西南北の方角はわからない

年輪が語るのは過去の気候条件ばかりではない。その森林の歴史、周囲の環境の変化、自然災害の発生の有無、山火事などの記録さえ読み取れるのだ。

木がまっすぐに伸びている時の年輪は等間隔で、バランスよく渦を巻いている。しかし、せっかく発芽した木の上に太陽を遮断する障害物があった場合、成長が非常に遅くなるため、年輪の間隔はとても狭い。そして障害物が取り除かれなければ、ほとんどの木が枯れてしまう。

強風や虫の被害で隣接する木が倒れ、その下敷きになる木も多い。そして下敷きになった木が傾いたりすると、年輪は楕円を描く。実際は広くなっている側が傾いた方向を表している。不均等な年輪は、木が健全な生育をしていない証拠なのである。

また、木が立っている場所の傾斜にも年輪は影響を受ける。低いほうが年輪が広く、高いほうが狭くなる。

木は、葉が茂りすぎても自分の成長を妨げてしまう。葉っぱの量が多すぎると、日光が当たらないため、年輪は狭くなってしまう。そんな木が枯れると、陰になっていた周囲の木が息を吹き返す、なんてことも起こっている。

逆に、長期間の日照りが年輪幅を狭めるケースもある。春から夏にかけて数年間雨が少なかったりすると、特に成長期の木にはダメージが大きいことが知られている。

こういった場合に、広くなった部分が「南向き」と勘違いされているのだ。

年輪のバランスがよく、何重にもすくすくと年輪の成長を重ねている木は、周囲が開放的で、邪魔者のいない、よい環境に育っている木なのだ。

台風大国である日本では、台風は森林の環境に大きく影響を及ぼす。もちろん、強い風雨で倒れたり傾いたりする被害もあるが、そのお陰で新しい木が育つ環境ができる場合もある。森林の世代交代だ。

厳しい自然環境の中で、100年や150年、またそれ以上もの間、長い樹齢を保つ木は、森林の厳しいアクシデントや災害に耐えて生き残った幸運な木といえるだろう。

本当のような

「お魚くわえたどら猫」は日本の原風景。猫の好物は今も昔も魚で決まり！

空前の猫ブームといわれ、間もなく「猫の飼育頭数が犬の飼育頭数を上回る」と予想される昨今。ペットフード協会がインターネット調査から推定した２０１５年の飼育実態調査を見ると、犬が約９９１万７千頭、猫が約９８７万４千頭と推計されている。犬の飼育頭数は２０１２年以降減少傾向にあり、猫はほぼ横ばいである。そのため、近い将来には飼育頭数が逆転するかもしれない。

日本人にとってそれだけ身近な存在である猫は、国民的アニメーション『サザエさん』の主題歌の冒頭にも登場する。夕飯のおかずの魚を盗んで逃げる猫を、サザエさんが裸足で追いかけるという象徴的なシーンが描かれている。また、地域によっては、白飯に鰹節をかけたものを「ねこまんま」と呼ぶこともあり、猫の好物＝魚という意識は定着している感がある。

本当　猫の本能が求める食べ物は肉です

一方で、欧米で猫の好物といわれているのは肉。確かに、ライオンやトラなど猫科の動物たちは、狩りをして動物を仕留め食らいつく。日本でも、猫が狩るのはネズミや鳥で、自力で魚を獲って食べるというイメージはあまりない。

それもそのはず、現在「猫」としてなじみが深い「イエネコ」の原産地は、アフリカ北部からアラビア半島にかけての乾燥地帯。「あまり水を飲まないため腎臓病にかかりやすい」、「一般的には風呂嫌い」という猫の性質は砂漠の動物特有のものなのだ。つまり、水の中を泳ぐ魚を獲って食べるという習性は、猫の本能にはない。

そのうえ、魚、特にアジ、サバ、イワシなどの青魚を中心に多く含まれる不飽和脂肪酸は、猫にとっては有害にもなる。不飽和脂肪酸そのものは体内に脂肪としてつきにくく、健康によい脂質のひとつで、人間にとっては「血液サラサラ」のイメージもある。確かにその通りなのだが、同時に酸化しやすいという特徴も持っている。猫は不飽和脂肪酸を摂取しすぎると、体内脂肪が変性を起こし、「黄色脂肪症（イエローファット）」と呼ばれる症状を引き起こすといわれている。

さらに猫は筋肉質なこともあり、高タンパクが必要。消化管が短くデンプンを消化する酵素が少ないため、穀類はほとんど必要としない。

「ペットボトル＋水で猫よけ対策」も嘘だった

猫をよける目的で、水の入ったペットボトルを置いている家がある。一時期はそれこそ、猫も杓子も庭や塀にペットボトルを並べていたものだった。日射しの乱反射でキラキラ光るのを猫が嫌がるなどという理屈づけもされていたが、実はまったく効果はない。

確かに、最初はキラキラに警戒する猫もいるが、逆にじゃれつこうとする猫もいる。ファーストコンタクトで警戒した猫も、害がないことがわかれば存在を完全無視。整然と並んだペットボトルは、単に美観を損ねる邪魔物になってしまう。

そもそもなぜ、水入りペットボトルが猫よけになるといわれ始めたのか。どうやら、テレビ番組の影響らしい。一説によると、海外の生活を紹介するクイズ番組で、庭にペットボトルが並べられている映像が流れ、その理由がクイズとして出題されたという。

水入りペットボトルは、街の美観を損ねたり、虫がわいたり、水がレンズの役割を果たして、火事が起きたりする危険性もないとはいえないとかで、いまだに猫よけ用にペットボトルを置いている方には、すぐに片づけることをお勧めしたい。

猫は非常に身体能力が高いので、柵やネットなどで侵入を阻むのも難しい。どうしても猫を入れたくない向きは、市販の忌避剤（猫が嫌がるにおいのスプレーなど）で防衛するしかなさそうだ。

本当のような

17 産卵のために浜に上がったウミガメは、痛みと感動で涙を流す

5月から8月にかけて、暖かくきれいな砂浜に上陸し、産卵するウミガメ。主な産卵場所は関東以南で、小笠原諸島、静岡の御前崎海岸、和歌山の千里浜海岸、屋久島、奄美大島などが知られている。

日本で産卵するウミガメは、アオウミガメ、アカウミガメ、タイマイの3種。特に日本は北太平洋唯一のアカウミガメの産卵地で、日本の砂浜で成長するウミガメも多く、わが国の砂浜が北太平洋のアカウミガメの生存のカギを握っているともいわれる。

また、タイマイの産卵地は南西諸島などごくわずかながら、甲羅が日本の伝統工芸に重用されるべっ甲の材料であるため、昔から珍重されてきた。しかし乱獲によりタイマイの数は激減、最近では捕獲が厳しく規制されている。

1回の産卵で100個もの卵を産むこともあるというウミガメ。卵を砂浜に掘った60センチほどの穴に産みつけながら、ぽろり、ぽろりと涙を流す姿は広く知られている。あの涙は、産みの苦しみにもだえているのか、あるいは新しい生命の誕生に感極まっているのだろうか……。

本当　ウミガメは四六時中、目から海水の粘液を出している

海中で生活する生き物は、常に海水を飲み込んでいる。ウミガメもエサを食べる時、海水と一緒にエサを丸呑みする。海水を飲んだまま体内に溜め込むと、血液中の塩分が上昇し、危険な状態になる。そのため、よけいな塩分はエラなどから排出しているのだ。

ウミガメも目のそばにある塩類腺という器官から、絶えず塩分を含んだ粘液を涙のように排出している。つまり四六時中、目のそばから粘液が出ているが、海の中だと、それがわからない。上陸している間も粘液は出続けている。これが眼球の乾燥も防いでいるのだが、傍目《はため》には産卵中に涙を流しているように見えるというわけだ。

約100個と大量に産みつけられる卵だが、魚や鳥などの外敵に襲われるため、成体のウミガメまで成長できるのはそのうちの1〜2％、わずか1匹か2匹だという。

なお、ウミガメの産卵は2〜3年周期だが、1シーズン1回きりではなく、複数回行なわれる。最高6回という記録もあるそうだ。また、卵を産む砂浜の温度が29度以上だとメス、29度未満だとオスが産まれやすいともいわれている。

以前はウミガメがせっかく産みつけた卵も、海水浴にやってくるレジャー客や砂浜を走るレジャー用のバイク、車などにより踏みつぶされることも多かったが、最近ではウミガメの卵の保護のため、産卵場所の海岸への自動車乗り入れを禁止したり、人の往来が多い位置に産み落とされた卵を安全な位置に埋め戻したりする活動が行なわれている。また地域によっては、産卵時期にテトラポッドを移動するなどして、産卵場所を確保し、一般客の立ち入りを制限する試みも始まっている。

本当のような嘘 18

カメレオンは死んだ時に初めて本当の体色がわかる

カメレオンは、周囲の環境によって色を変える保護色生物、と思っていないだろうか？　確かにカメレオンの色はくるくる変わる。ピンクの物の上に乗せると、あっという間にピンクになったり、グリーンの物に囲まれると、瞬く間にグリーンに変色したりといった光景に驚いた経験があるだろう。

自分の防御のためだけではなく、交尾相手へのアピールや体調の変化、威嚇などの理由でカメレオンは色が変わる。メスが妊娠中であることも体色でわかる。実験によれば、平静時のカメレオンは青っぽい色をしているのに対し、興奮すると黄色や赤などの他の色に変化する。いかつい見かけによらず感情豊かで、デリケートな生き物なのだ。

では、カメレオンの皮膚の色が変わるのは、どういう仕組みになっているのだろう？

近年のスイス大学による研究で、非常に精巧な構造を持っていることが判明した。

本当 カメレオンの皮膚は透明だった！

カメレオンの皮膚は実は透明なのだ。皮膚の奥に「虹色素胞」という細胞があって、その中に「ナノ結晶」というごく小さな物質が多く存在している。

光が青・赤・緑の3原色で構成されていて、それぞれ波長が違うことはご存知と思う。カメレオンに当たった光は皮膚の下のナノ結晶に届くが、そこでナノ結晶の格子がゆるんだり密集したりして光の反射率を変えることで、体の色を変化させている。

しかし残念なことに、どうやってナノ結晶を動かしているか、というところまでは現時点では解明されていない。

さらにもうひとつ！　虹色素胞の下に、第二の虹色素胞の層があって、この層は太陽からの赤外線を反射して、断熱効果の役割を果たしている。ナノ結晶を有する虹色素胞を上手に使って、保護色を作り出して身を守ったり、敵を威嚇したり、異性に求愛したり、暑さから体を守ったりするための精密なメカニズムを持っているというわけ。

虹色素胞は他の爬虫類やカエルなどの両生類も持ってはいるが、体色を変化させることはできない。カメレオンの反射光を変化させる仕組みを液晶画面など、科学の分野に応用する研究もなされているとか。

恐るべしカメレオン！

❗ 死ぬ時の体色は、個体の体調や環境で変わる

自分が置かれた環境で体色が変化するカメレオンには、本来の体色はないのだろうか。ズバリ、ないのだ。それでは、死ぬ時にはどんな色になって死ぬのかといえば、生きている時と同様、どういう状況で死ぬかによって違ってくる。病気で死ぬ場合、活力が衰えていくので、くすんだ色味になる。だが、木の上で日光を浴びていた時に急死というケースでは明るめの黄色や緑、地面の上や木陰なら深緑や褐色で死ぬそうだ。

本当のような

19

充電池は使い切ってから充電するほうが長持ちする

携帯電話やノートパソコン、デジカメなど、我々は毎日充電池に大変お世話になっている。充電すれば何度も使えるエコなスグレモノだが、長く使っていると「最近、ケータイの充電池の減りが早くなったなあ」と感じることがある。

そんな時、周囲から「充電池はちゃんと使い切ってから充電しないと寿命が縮んでしまう」というアドバイスをされたことはないだろうか。

本当 リチウムイオン電池なら注ぎ足し充電でもOK！

ご安心あれ。携帯電話のバッテリーは電気を使い切っていない中途半端な状態で注ぎ足し充電しても、まったく問題ない。

こうした誤解が生まれた理由には、〝メモリー効果〟という現象が関係している。メモリー効果とは、充電池の電気を使い切らない状態で、電気を注ぎ足すように何度も充電を繰り返すと、電池がその注ぎ足しを開始した容量を記憶してしまうというもの。そのことにより電池容量がメモリーされたところまで減ると、電池が「必要な電圧がもうなくなった」と勝手に判断してしまい、電圧が低下するのだ。

こうしてメモリー効果が発生した充電池は、正常な電池より短い時間しか使用することができなくなってしまう。

ただし、このメモリー効果はニッケル・カドミウム充電池とニッケル水素充電池で起きる現象である（ちなみに、ニッケル水素充電池のほうのメモリー効果は、ニッケル・カドミウム充電池と比べると、ごくわずかなもの）。

最後に、使用している充電池でメモリー効果が起きてしまった場合の対応方法を説明しておこう。メモリー効果の解決方法は非常に簡単で、充電池を一度空になるまで使い切ればメモリーを消すことができる。覚えておいて損はない裏技だ。

ニッケル・カドミウム充電池はラジコンなどで使用されることが多い。一方、携帯電話やノートパソコンのバッテリーで使用されているのは、リチウムイオン電池。この充電池ではメモリー効果の影響はごく小さい。したがって前述の通り、携帯電話のバッテリーは電気を使い切っていない状態で充電しても大丈夫だ。

本当のような

止まらない温暖化に大気汚染……。地球上の酸素はどんどん薄くなっている

地球温暖化の主な原因とされているのが「温室効果ガス」。温室効果ガスとは大気圏に存在していて、地表から放射された赤外線の一部を吸収し、温室効果をもたらす気体の総称である。二酸化炭素やメタン、フロンガスなどがその代表格で、近年の人間の活動によって著しく増加したといわれている。

中でも温暖化に最も影響を及ぼすのが二酸化炭素。人間やその他の生物が生きていくために欠かせない呼吸は、酸素を吸って二酸化炭素を出すのが基本。そう考えると、温暖化が進む地球では、二酸化炭素が増えて、酸素が減っているような印象を受ける。

また、熱帯雨林の減少や砂漠化の進行という話も、植物の光合成によって生み出される酸素が、この地球上からだんだん減っていっているようなイメージに結びつく。

本当 薄くなっているというほど変化があるかは疑問

我々を取り巻く空気は、酸素と二酸化炭素だけで構成されているわけではない。呼吸という面で自分に直接関わらないせいか、酸素と二酸化炭素以外の空気の成分について意識する機会は、比較的少ないような気がする。

そもそも地球の大気は78％が窒素なのだ。次に多い酸素が約21％。次に多いのは、あまり聞きなれないであろうアルゴンの1％。その次が二酸化炭素で、約0・04％だ。水素やメタン、ヘリウム、オゾンなど、その他の物質はいずれもごく微少である。

地球上で人間を含めた生物がどれだけ呼吸をしようとも、二酸化炭素の割合は1％にも満たない。それが事実。

温暖化が進んで二酸化炭素が急増し、その分、酸素が少なくなっているという認識は、あくまでもイメージ的なものでしかないということはおわかりだろう。

とはいえ、微量だからといって関係ないといい切ることもできない。二酸化炭素は少しずつ増えているという説も有力で、酸素濃度が薄くなっているという意見もある。

逆に、酸素濃度が濃くなっている説もあるので、酸素が薄くなって呼吸が苦しくなったら……なんて心配は杞憂というものだ。

地球は誕生してから約20億年、酸素があまりなかった

これほど水や酸素が豊富な星は地球だけといわれているが、酸素はもともと地球にあったわけではない。20～24億年前に急激に増えたのだそうだ。地球の誕生は46億年前といわれているから、20億年以上の間、地球も酸素の希薄な星だったということ。酸素急増の原因は解明されていないが、生命は酸素が増えた段階で誕生したとされる。

ところで、空気に重さがあることはご存知だろうか。1立方メートルで約1・3キロほど。一般的な家庭用の浴槽に空気を詰めると、1・5リットルのペットボトルよりちょっと軽いぐらいのイメージだ。この重さのおかげで重力の影響を受ける。これが地球の大気が宇宙空間に拡散しない理由のひとつなのだ。

嘘のような本当の話❷

ドラマと違って、実際の手術現場はリラックスムード

『ER緊急救命室』、『医龍』、『JIN－仁－』など、国内国外を問わず、医療系ドラマは高い人気を誇っている。そういったドラマの手術シーンといえば緊迫した空気で、聞こえる音はバイタルサインモニターのピッピッという音と、医師による指示の声だけ、が定番。

これは現実の手術室の様子とは大きく違う。実際の手術現場は、意外とリラックスした雰囲気らしい。もちろん患者の生命に関わる行為だから緊張感はある。特に事故の危険性が高い患者への麻酔導入時には、医療チームも大いに緊張を強いられる。

だが麻酔が終わって患者が眠りにつけば、一気にリラックスした空気に変わる。医師が気分よく執刀できるように、好みのBGMが流されることも多いとか。患者が麻酔で寝ている間に、医師はリズムに乗ってノリノリでメスを振るうというのもよくある光景。

また、医師や看護師たちは、手術中に余裕のある時には雑談したりもする。確かに10時間を超える手術もざらな現代、緊張しっぱなしでは体がもたないだろう。というわけで、医療関係者がテレビや映画の手術シーンを見ると、違和感を覚えることが多いそうだ。

第3章

実は逆効果だった!?　健康と食べ物の嘘

本当のような

午後10時〜午前2時は、成長ホルモンが最も分泌される睡眠のゴールデンタイム

午後10時から日付をまたいだ深夜2時までは〝睡眠のゴールデンタイム〟と呼ばれている。太陽が出ている昼間に紫外線などでダメージを負った肌が、このゴールデンタイムに寝ている間に修復される。肌の修復に欠かせない「成長ホルモン」が、最もたくさん分泌される時間帯である。

成長ホルモンはその名の通り、子どもの成長を促す働きがあるが、それだけでなく、成人になっても分泌されて、肌の張りや弾力を維持する皮下組織の水分量をキープしたり、古い皮膚を新しい皮膚に生まれ変わらせたりする働きをする。また、疲労やケガからの回復や脂肪の分解、髪の毛の発育など、体のさまざまな機能の維持に不可欠であり、成長ホルモンが減少すると、老化が始まる。つまり成長ホルモンは美肌を保つためにも、健康にとっても、非常に大事な存在なのだ。

もしあなたの会社に早く帰りたがる女性がいたら、その人はこの時間帯に寝るために急いで帰宅しているのかもしれない。そう思えば、その女性が飲み会に来なかったり、残業の頼みを断ったりしても、大目に見てあげたくなりそうだ。

本当 入眠してから3〜4時間が睡眠のゴールデンタイム

「美肌を保つ成長ホルモンが睡眠中に最も分泌される時間帯がある」というのは間違いではない。以前はその時間帯が午後10時〜深夜2時の4時間と考えられていた。

午後10時というのは忙しい現代人にとって、まだまだ活動中の時間だ。まだ会社のオフィスで残業中という人もいるだろうし、帰宅途中で一杯飲んでいる人もいるだろう。家に帰っていたとしても、やることがいろいろあってまだまだ寝られない時間帯だ。

だから、いくら美肌のためとはいえ、午後10時には睡眠するというのは、なかなかハードルが高いと思われてきた。

だが、ここ最近、睡眠のゴールデンタイムは午後10時〜深夜2時ではないという説が有力になってきた。成長ホルモンがたくさん分泌されるのは、眠りについてからの3〜4時間であり、「午後10時〜深夜2時」といった特定の時間帯ではないようだ。

いかに熟睡できるかが、美肌&健康のカギ

重要なのは眠る時間帯ではなく、入眠してから3〜4時間でしっかりと熟睡することのようだ。

熟睡するためのコツには、「寝る2〜3時間前にお風呂に入って体を温める」「毎日決まった時間に寝る」「部屋を真っ暗にする」「アルコールは避ける」「自分に合った枕を選ぶ」「寝る前にパソコンやスマホを使うのはやめる」などが挙げられる。

午後10時〜深夜2時が睡眠のゴールデンタイムではないものの、午後10時には眠れるぐらいの早寝早起きの規則正しい生活は、美肌にも健康にもプラスになることは間違いないだろう。

本当のような嘘 22

白髪がイヤなら抜くなかれ。白髪は抜くと、どんどん増える

黒々とした頭髪は人を若々しく見せる。白髪を見つけたら抜いたり染めたり、いろいろと涙ぐましい手段を講じている人も多いだろう。

そこで気になるのが、白髪は抜くと増えるという説。鏡の前でふと見つけた白髪1本、思わず抜きたくなるのが人情というもの。しかし、白髪をなくしたい一心でやった行為で、白髪が増えるのは本末転倒というもの。抜くべきか、抜かざるべきか……。

老化による白髪を予防するのは基本的に難しいが、ひとつ妙案がある。白髪が増えてしまったら「ロマンスグレー」に徹するべし。もともとは、白髪交じりの頭を指す和製英語であり、ソニーの盛田昭夫が使い始めた言葉だという。

30代でソニーアメリカ社長を務めた盛田は、若白髪に悩んでいた。しかし、米国人の友人から「こちらではロマンティック・グレーといって人気だ」といわれ、そのエピソードを「ロマンスグレー」にいい替えて友人たちに話して聞かせた。友人のひとりだった小説家、飯沢匡《ただす》が同名の小説を雑誌に発表し、「ロマンスグレー」は流行語となった。というわけで、白髪が増えたら「俺はロマンスグレーだ」といい張るのも一案である。ただし、「ロマンスグレー」と聞いてイメージされるのは、包容力と経済力にあふれた魅力的な紳士であることもお忘れなく。

本当 抜いても増えるわけではないが、抜くのはNG

話を本題に戻そう。白髪は抜いたことが原因で増えるものではない。ではなぜ増えて見えるかというと、白髪を見つけて抜くと、いつも気になって自分の髪を見る回数が多くなり、発見率が上がるため増えたように感じる。または、何本か見つけて抜いた場合、しばらくは黒く見える状態が続いたあとで、抜いた場所からいっせいに白髪が生えてくるため増えたように見える、というわけだ。

そう、一度白髪が生えた毛根からは、ずっと白髪が生えるのである。では、そもそも白髪はなぜ生まれるのだろう。最大の原因はいうまでもなく老化。老化によってメラニン色素の不足、過酸化水素の蓄積、成長ホルモンの不足が起こり、髪の色が抜けてくる。

髪の毛の色を決めるのはメラニン色素。メラニン色素には黒色メラニンと黄色メラニンがあり、その組み合わせで髪の色が変わってくる。日本人は、民族的にほとんどの人が黒色メラニンを持つというわけ。白髪はどちらのメラニン色素も持たない毛髪。実はできたての髪の毛はもともと白いのだ。毛が成長する過程でメラニン色素が混ざっていき、頭皮の表面に出る頃には色がついているという仕組みになっている。

メラニン色素はメラノサイトという細胞で作られる。この細胞はストレスに弱く、それが「ストレスで白髪になる」といわれるゆえん。その他にも、栄養不足や生活の乱れなどでメラノサイトが異常をきたし、白髪の原因となることが解明されている。

ちなみに、抜いても増えないからといって、白髪を抜くのはやめよう。毛根や頭皮にダメージを与えるため、最悪の場合、毛が生えてこなくなることもある。どうしても気になる白髪は、できるだけ頭皮の近くでカットしたり、染めたりするのが正解だ。

本当のような

左党の常識?「ちゃんぽん」すると悪酔いする!

「ちゃんぽん」とは、2種類以上のものをまぜこぜにすること。ビールや日本酒、ワインなど種類の異なる酒を一時に飲むことにも用いられる。その語源は鉦《かね》と鼓《つづみ》の合奏で、それぞれの音「チャン」と「ポン」に由来するなど諸説がある。「ちゃんぽんすると悪酔いをする」という話を聞いたり、実際につらい思いをした人は少なくないだろう。

本当　悪酔いは単に「純アルコール量」の問題

ところで人は酒を飲むとなぜ酔うのだろうか?　酔いはアルコールによって脳が麻痺することで起こる。アルコールが分解され、体外に排出されるまでの間に、アセトアルデヒドという物質が発生する。これが吐き気や頭痛などの不快な症状を起こす原因だ。酔いの程度は、血液中のアルコール濃度が関係している。これは、アルコールの種類ではなく、純アルコール量（グラム）に比例する。計算式は次の通り。

容量（ミリリットル）×［アルコール度数（％）÷１００］×０・８

つまり、どういう組み合わせで酒を飲んでも、純アルコール量のトータルが同じであれば酔いの程度は同じになる。

ちゃんぽんすると悪酔いするといわれるのは、酒の種類が変わると飲んだ総量がわからなくなったり、口当たりが変わったりするため、ついつい、飲みすぎてしまうせいだ。

一方で、アルコールの分解能力、つまり、肝臓の処理能力には個人差がある。これにはＡＬＤＨ（アルデヒド脱水素酵素）という酵素の働きが関係している。「ＡＬＤＨ１」と「ＡＬＤＨ２」の２種類あり、酒に強いのは「ＡＬＤＨ２」の活性が強いタイプの人。

しかし、日本人を含むモンゴロイドの約半数は、この酵素の活性が弱いか、欠けているという。これは生まれもった体質で後天的に変わることはない。酒に弱い人は強くなろうとムダな努力を重ねるよりも、酒量を抑えたほうが賢明といえそうだ。

！「ほろ酔い」が一番

それでは、酒の適量とは一体どのくらいなのだろうか？　目安となる指標は「単位」。1単位は純アルコール量で20グラム。ビール（アルコール度数5度）なら中びん1本（500ミリリットル）、日本酒（アルコール度数15度）なら1合（180ミリリットル）。

体質や体重、その日の体調などによって異なるが、仮に体重約60キロの人が30分以内に1単位のお酒を飲んだとすると、約3～4時間はアルコールが体内にとどまる計算だ。

もうひとつ目安がある。血液中のアルコール濃度と酔いの状態、脳への影響を「爽快期」から「昏睡期」の6段階に分けた指標だ。一般に楽しく飲めるのは、2段階目の「ほろ酔い期」まで。その量は、ビール中びん（1～2本）、日本酒（1～2合）、ウイスキーのシングル（3杯）ほどである。

もし、立つとふらつくようになってきたら、3段階目の「酩酊初期」に突入した可能性がある。4段階目の「酩酊期」では何度も同じことをしゃべって吐き気を催し、5段階目の「泥酔期」では言語がめちゃめちゃになるそうだ。くれぐれもご用心あれ。

本当のような嘘 24
お酒を飲む前に牛乳を飲むと、胃に膜が張って悪酔いしない

忘年会シーズンなどで毎日のように飲む日が続く。あるいは翌日重要な会議があるのに、接待に行かねばならない。そのように、どうしても酒の席に出なければいけない場合には、事前に酔い止めのサプリを飲んでおくなど、悪酔いしないための工夫が必要。

あなたは、こんな噂を聞いたことはないだろうか。「悪酔いしないために、お酒を飲む前に牛乳を飲むといい」というものだ。「牛乳を飲むと胃に膜が張ってコーティングされるので、アルコールを吸収しにくくなるから」という理由らしいのだが。

本当 牛乳で胃に膜を張るのは物理的に無理

さて、噂の真相を明かそう。牛乳は悪酔いや二日酔い防止に、いくばくかの効果はあ

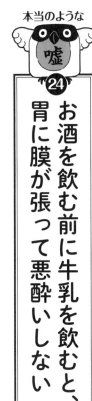

るものの、「胃に膜を張ってコーティングする」という理屈は、実は正しくないのだ。

そもそも牛乳自体が胃液で消化されてしまうので、牛乳で胃に膜を張ることはできない。牛乳を飲んだあとに飲み食いすると、胃の中で牛乳と食べ物はグチャグチャにかき混ぜられるので、そういう意味でも胃に膜を張るということは物理的に無理である。

ただし、牛乳のタンパク質がアルコールの分解を助け、牛乳の乳脂肪が胃の運動を抑制してアルコールの吸収を遅くしてくれるので、二日酔い対策として多少の効果があることは事実である。

! 悪酔いを避ける効果的な方法

「牛乳を飲む」は二日酔い防止対策の俗説だが、二日酔いしてからの後手にまわった対策としては、「迎え酒」が知られている。二日酔いで迎えた翌日にあえて酒を飲むのが迎え酒だが、残念ながら、これも科学的な根拠はゼロ。

迎え酒が二日酔いに効くように感じるのは、アルコールで一時的に感覚が麻痺しているからであって、結局は迎え酒のアルコール分がプラスされたことにより、その後さらに強い不快感に襲われるだけである。

二日酔いになってしまった時の正しい対応策は、水分を多く摂取すること。特に、スポーツドリンクやシジミの味噌汁がおすすめだ。

アルコールを分解するために体内の水分が失われ、脱水症状を起こして気持ちが悪くなるのが二日酔いの正体。吸収の早いスポーツドリンクで水分を補給すれば、気持ち悪さが抑えられる。またシジミに含まれるオルニチンは肝臓の働きを助けて疲労回復にも役立ち、二日酔いの症状を軽減してくれる。

酒量はほどほどに、が一番の悪酔い予防であることは間違いない。しかし、酒というものは、「飲み足りない」か「飲みすぎ」かの二択しかないことも、ほぼ間違いない。

本当のような嘘 25

ヤマイモやスッポンは栄養満点。食べると男の精力がアップする！

夜の活力を得るために〝精〟がつく食べ物を食べたい！　そんな時の代表選手はヤマイモ、スッポンだろう。ヤマイモには疲労回復に欠かせないビタミンBや、免疫力を高めてくれるビタミンCが含まれていて、滋養強壮に優れているし、スッポンも、それを原料にしたサプリが作られているぐらい栄養価が高い。必須アミノ酸、ビタミン類、ミネラル類などが豊富に含まれていて、若々しい肌を保つコラーゲンもたっぷり。

ヤマイモ、スッポンは、いかにも下半身を元気にしてくれそうだ。

本当　男性器に似た形状から精力がつくと考えられた

しかし残念ながら、どちらも直接的に精力を高める効果があるわけではない。男性器が力強く勃つためには、血液が海綿体に流れ込む必要があるが、ヤマイモやスッポンにそういう作用があるわけではない。

では、なぜ昔からヤマイモ、スッポンには、そういう効能があると考えられているのだろうか？

理由のひとつに、「ヤマイモやスッポンの形状が男性器に似ているから」というものがある。これらを食べることで精力が高まると考えられていたのだ。ヤマイモ、スッポン以外では、やはり男性器に形が近い高麗人参が精力をアップさせると信じられているのも、同様の理由からだろう。

極真空手の創始者として有名な大山倍達《ますたつ》はかつて、「ヤマイモ、オクラ、納豆などネバネバしたものを食べると精力がつく」と語っていたことがある。その理由はヤマイモなどのネバネバが精液に似ているからというものだった。

ネバネバした食材を食べればネバネバした精液が増えるという発想は、男性器に似た形状のものを食べると精力がつくという考え方に近いものがある。

結局のところ、ヤマイモやスッポンは体にはよいものの、夜の活力を高めてくれるわけではないということだ。亜鉛で精液の量が増えるという報告もあるので、亜鉛のサプリを利用したほうが、精力面にはいい効果が期待できるかもしれない。

男性ホルモンの分泌を促すビタミンＥが豊富なアボカドもおすすめだ。

また、男性の夜のコンディションは精神面に左右されることも多い。過去に失敗した経験があると、それがトラウマになってＥＤ（勃起障害）になってしまうこともある。特に20代などの若い男性は、心因性のＥＤになってしまう人が多い。

食べ物も大事だが、心身をうまくリラックスさせて、コトに臨むことも重要だろう。

本当のような

薬は、水かぬるま湯で飲まないと、効果が出ない

「薬は、水かぬるま湯で服用するべき」というのは、もはや常識といっていい。では、お茶で薬を飲むのはどうだろう？　外出先などで、あいにくペットボトルのお茶しか持っていないなんてことがあるかもしれない。

子どもの頃、大人に「薬はお茶で飲んではいけない」といわれたことがないだろうか？

本当　ほとんどの薬は、お茶で飲んでもＯＫ！

確かにひと昔前までは、貧血用の鉄剤を処方される際、「お茶では飲まないように」と医師から告げられていた。お茶に含まれるタンニンは鉄分と結合しやすいという特徴を持つ。そのため、せっかく摂取した鉄分が吸収されにくくなり、薬の効果が薄れる可

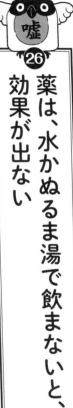

能性があるためだ。

しかし現在は、その後の研究の結果、「鉄剤を服用する際に、お茶で飲んでも構わない」とされている。成人が1日に必要とする鉄分の量より鉄剤に含まれる鉄の量は多いので、タンニンの影響は心配するほどのものではないからだ。また、体内に貯蔵されている鉄分が不足している場合、健康な時よりも鉄の吸収が促進される。貧血の時はまさにそうした状況なので、通常飲む程度のお茶の量ならタンニンと結合する分は問題にならない。

お茶の種類によってタンニンの含有量は千差万別。中でも多いのはジャスミン茶、少ないのは麦茶だが、種類が異なるどんなお茶でも薬の服用は大丈夫だ。その他にも、ジュース、コーヒーなどで飲んでも薬の吸収を妨げることはない。

とはいえ、本来飲み薬はコップ1杯の水かぬるま湯で飲むものとして作られている。もちろん、水なしで服用できるトローチやチュアブル錠、舌下錠などは除外できるが、薬を水なしで飲むと、食道を通過する時に粘膜に付着して、食道炎などの副作用を招く危険性がある。また胃の活動が弱くなった年配者は、胃の中で薬が1カ所に固まり、胃潰瘍を起こす場合もある。水かぬるま湯がない場合は、お茶で飲んだほうがいい。

特定の薬と相性の悪い飲み物もある

一方で、食品に食べ合わせがあるように、特定の薬には相性が悪い飲み物がある。一例を挙げると、高血圧治療薬として使われるカルシウム拮抗薬と、グレープフルーツジュースの組み合わせである。グレープフルーツジュースに含まれるフラノクマリンという成分によって、薬の効果が強く出すぎてしまうので危険。重篤な副作用が報告されているので十二分に注意したい。

そして、牛乳にも相性が悪い薬がある。ニキビ治療などに使用される抗菌薬のひとつであるテトラサイクリン系の抗生物質や、ニューキノロン系の抗菌剤だ。

これらは牛乳のカルシウムと結びついて吸収されにくくなるので、薬の作用が普通の水で飲んだ場合の3分の1か4分の1くらいまで低下してしまう。該当の薬の場合は2時間以上の間隔をあけて牛乳を飲むようにしよう。

いずれにせよ、薬は水かぬるま湯で飲むのが無難である。

本当のような嘘 27

生理中にセックスしても妊娠しないから大丈夫！

「わたし、今生理中だから、ゴム着けなくてもいいし、中に出しても大丈夫♪」

彼女からそんなこといわれたら、たいていの男性は「ラッキー♥」と思うだろう。

そもそも妊娠とは、射精された数億個もの精子のうち、ひとつでも卵子と結合（受精）して、受精卵になることにより成立する。これは約１４００兆分の1ともいわれる奇跡的な確率なのだ。精子はこの時、卵子の膜を破って一番に飛び込む元気が重要。

卵子の寿命は排卵後、約24時間。その間に卵子と精子が出会えず、妊娠が成立しなかった場合に、卵子が子宮から排出される。

女性の体は、月経期（生理）、卵胞期、排卵期、黄体期からなる生理周期を繰り返している。この中で最も妊娠する可能性が高いのは、排卵期に起こる排卵日の前後だ。

生理から1週間以上経って排卵日になるので、生理中には排卵がないことになる。だから、「生理中にセックスしても妊娠しない」という考え方が広まったのだろう。

本当 精子は意外と図太く生き残るので注意を

正解をお教えしよう。「生理中のセックスで妊娠する可能性はゼロではない」という表現が正しいだろう。

排卵は前述の通り、生理から1週間後に起きる。しかし排卵日は、ホルモンバランスなどでも変わってしまうので、なかなか把握できない。生理とは違って、本人が自覚できる変化が少ないのだ。

しかも精子は、女性の子宮内や卵管内に入ったあと、長いと1週間ぐらい生きることもあるといわれている。例えば、生理がたまたま少し長引いて、生理が終わってから1～2日で排卵があった場合、生理中のセックスで射精された精子が卵子と出会う可能性は十分にあるのだ。

❗ そもそも生理中のセックスは危険である

また、妊娠の可能性に関係なく、生理中のセックスは女性の体にはおすすめできない。免疫力が下がっていて、カンジタ膣炎やクラジミアなどの感染症になりやすいからだ。また、経血が逆流すると、子宮内膜症の一因になるという説もある。

特に、生理1~2日目は生理痛が出やすい時期。女性側に苦痛があるのだから、無理にセックスするのは絶対にやめるべき。

ところが、生理中にセックスしたくなる女性が多いのも事実という。ホルモンバランス的には、あり得る欲求なのだとか。もし、相手が「どうしても!」という場合は、出血の多い時期を避け、必ずコンドームを装着し、お互いに感染症などのリスクを回避するようにしよう。

生理中はチャンス! ではなく、ピンチだと考えておくほうがいいだろう。

本当のような嘘 28

ヒップが大きい女性は、安産型でお産が軽い！

お産は昔も今も、女性にとっての大仕事。昔は「障子の桟《さん》が歪んで見えるほど痛くならないと生まれない」などと、お産婆さんからいわれたほど、無事に赤ちゃんの産声を聞くまでは、長くつらい道のりだった。

今だってお産そのものが楽になっているわけではない。特に日本は自然分娩を好む傾向があり、「産みの苦しみを乗り越えてこそ母になれる」という意識がいまだに根強い。

ちまたでは、女性の体型や体質から「安産型」という言葉がよく聞かれるが、安産型とはどういう女性を指すのか、調べてみた。

「お尻が大きい」「骨盤が広い」「骨盤が張っている」「冷え性ではない」など、諸説があるようだ。しかし、最も「安産型」のイメージに近いのは、ハート形を逆さにしたように、ゆったりと広く豊満なヒップではないだろうか？　そう、イタリア語ならさしずめ〝マンマ・ミーア〟タイプ。お尻が大きいということとイコール骨盤が広いということ。赤ちゃんの頭が産道を通りやすそうだから、「安産型」というイメージにつながったのかもしれない。

本当　重要なのは、ヒップよりも骨盤だった

だが、実はそれは俗説。お尻の大小よりも、問題となるのは骨盤そのものなのだ。骨盤腔が広く、しっかりしていて歪みなどもなく、赤ちゃんが通りやすい骨盤が理想的。「2人分食べて立派な赤ちゃんを産んで！」なんていわれたのは昔の話。ぽっちゃりしている女性は、お尻も大きいから安産型に見えやすいが、皮下脂肪で産道が狭まってしまううえ、微弱陣痛になりやすく、お産に時間がかかる傾向がある。実際、小柄で骨盤が小さそうでも案外安産だった、という話はよく聞く。妊娠期に体重を増やしてしまうと、産道に脂肪がついて出産しにくくなったりするため、近年、産科では妊娠中の体重

管理を妊婦さんに呼びかけている。

筋力、特に腹筋がある女性も「安産型」といえる。安産につながる「娩出力《べんしゅつりょく》」という、赤ちゃんを外へ押し出す力が強くなるからだ。娩出力は、子宮収縮による陣痛と合わせて妊婦がいきみ作られる力である。さらには体が柔らかい人も「安産型」。体が柔らかいと、分娩時に産道を広げる体勢を取ることができるし、骨盤は靭帯で締められているので、これがよく伸びるということは、お産のときに骨盤が広くなるというわけだ。

初産は特に、子宮口が開く速度がお産の進行に大きく関係する。初産の時は子宮口が堅いので、開くのに時間がかかるのだ。２～３センチ開いても、胎児が出てくるのはまだまだ。頻繁に強い陣痛が起こり、10センチまで完全に開ききってやっと出産に至る。

破水が起こって出産に至るまでの時間は、個人差はあるが、初産だと15時間程度だという。いや、母親になるのは本当に大変なことだ。

健やかな赤ちゃんを生むためのママさんたちの苦労、男性諸氏は代わってあげられないまでも、敬意を払うべき大事業だと胸に刻もう。かくも〝母は強し〟なのだから。

本当のような嘘 29

カロリーオフ、ノンシュガーをうたう食品や飲料は、摂取しても太らない

中年以降に差しかかると、特に腹まわりや首まわりなどの贅肉が気になるもの。「カロリーオフ」と記載されているビールや缶コーヒーに、つい手が伸びてしまうのもむべなるかな。「オフ」というくらいだからカロリーがなく、いくら飲んでも太らないから。

しかし、ちょっと待った！　その飲料の裏にある成分表示欄に注目してほしい。例えば、某コンビニの自社ブランドで開発されたカフェラテには「砂糖不使用、カロリー50%オフ」と書いてあるが、栄養成分表示には「1本240ミリリットルあたり71キロカロリー」となっている。つまり、この飲料には71キロカロリーのカロリーがあるのだ！

このカフェラテはまだ「1本あたりのカロリー」を表示しているだけ、良心的かもしれない。中には100ミリリットルあたりのカロリーを表示している製品もあり、1本

が250ミリリットルの場合だと、表示カロリーを2・5倍して計算する必要がある。

本当　ゼロカロリー表示でもゼロでない場合がある

「ゼロカロリー」「ノンカロリー」「カロリーフリー」などは強調表示と呼ばれる。カロリーがまったくゼロの製品だけが「ゼロカロリー」と称せるはずだが、「100ミリリットルあたり5キロカロリー未満であれば、ゼロと表示していい」という決まりらしい。

例えば、100ミリリットルあたり3キロカロリーの飲料は、「カロリーゼロ」と表示することが可能だ。しかし、500ミリリットルのペットボトル1本を飲むと、15キロカロリーを摂取していることになる。ご用心!

砂糖不使用、カロリーオフの甘い飲料は、アスパルテーム、スクラロースなどという名称の合成甘味料を使っている。砂糖と同じ量で100倍以上の甘味があるという。ただし、これらは化学合成物質で、体に害を及ぼす危険性もあるのだ。合成甘味料が使われている場合、成分表示欄に記載されているので、確認してから買うようにしたい。

本当のような嘘 30

ダイエットのため朝食を抜くと、かえって太る原因になる！

イギリスの医学雑誌『ランセット』が、「全世界の20歳以上の人のうち、約3人に1人にあたる21億人が肥満」という恐ろしい調査データを発表した。それぐらい肥満に悩んでいる人は地球規模で多いわけだ。

日本人の肥満率はアメリカなどを含めた先進諸国の中では低いほうだが、それでも「あと3キロやせられたら」「お腹まわりをスッキリさせたい」「健康のためにも体重を減らしたい」など、ダイエット希望者は多い。

ダイエットのためには適度な運動も大事だが、食べすぎ・飲みすぎを控えることも重要。そして、規則正しい食生活が必須だろう。

規則正しい食生活といえば、まずは朝昼晩の3食をちゃんととること。摂取カロリーを手っ取り早く減らすために、朝ご飯を抜くなんてもってのほか！

1日のスタートの大事な食事である朝食をとらないことで、空腹感が強くなり、そのあげくに食欲が暴走し、昼ご飯や夕ご飯で暴食してしまう。しかも、朝から長く空腹状態だった体が必要以上にカロリーを摂取してしまうため、朝食をちゃんととった時よりもずっとカロリーを吸収してしまい、太りやすくなってしまうのだ！

本当　1日のトータル摂取カロリーで決まるだけ

アメリカのアラバマ大学バーミングハム校の保健行動部門の研究者エミリー・ダランダーは、300人以上の肥満者を対象に16週間にわたる調査を行ない、朝ご飯を食べた人と食べなかった人との間に、体重が減る量にどれぐらい違いがあるのかについて研究した。すると、「両者の体重が減る量に違いはない」ことが判明したのだ。

全米医療栄養学誌も「ダイエットのためには朝食を食べなさいというアドバイスや、

逆にダイエットのためには朝食を抜きなさいというアドバイスは、どちらも役に立たないことがわかった」とレポートしている。

結局、朝食を食べようが食べまいが、1日のトータルの摂取カロリーが消費カロリーを下回らなければやせないという、子どもでもわかりそうな単純な結論に落ち着いた。

とはいえ、朝食を食べることで脳を活性化することができ、より集中力や記憶力を発揮できるようになるということも、近年の研究で明らかになっている。

脳にとっての主な活動エネルギーはブドウ糖だが、ブドウ糖は体内に大量に保存しておくことはできない。朝目覚めた時の脳はエネルギーが欠乏した状態で、そのままにしておくとイライラして集中力を発揮できない。

朝食をとるかとらないかという選択はダイエットよりも、むしろ仕事や学業の面において重要といえそうだ。

本当のような

カテキンは「勝て菌」という希望をこめて名づけられた

お茶の有用成分として知られるカテキン。抗菌効果や抗酸化作用（いわゆるアンチエイジング）、消臭など、さまざまなありがたい働きが喧伝されている。インフルエンザの予防から、ガンを抑制するという説まであるくらいだ。「高濃度カテキン」をうたった清涼飲料なども販売されている。

そんなカテキンの名づけ親は、昭和大学医学部の島村忠勝名誉教授。コレラ菌の活動を抑えることを発見し、「勝て！　菌に」の意味を込めて「カテキン」と命名した。

島村教授の研究を機に、お茶の機能性の研究が活発化し、１９９６年の「Ｏ－１５７」騒動の際は、お茶の抗菌作用が大々的に報道され、お茶の効能の多くに関わる物質として、カテキンの名前も広く世間に知れ渡った。

本当 カテキンの名づけ親はドイツの植物学者

カテキンという言葉の元は「カテキュー」。これはインドなどに自生するマメ科植物、アカシア・カチューから採れる物質だ。1821年にスイスの化学者ルンゲがカテキューから結晶を分離することに成功し、その後、分離した物質をドイツの植物学者ネース・フォン・エーゼンベックが「カテキン」と命名したとされる。

20世紀に入ると、カテキンの研究がさらに本格的になり、多くの効能が実証されることとなった。実はカテキンとは、ある単一の物質を指すものではなく、総称である。日本ではカテキン＝お茶なので、単にカテキンといえば一般的に茶葉のカテキンを指す。茶葉に含まれるカテキンはお茶の苦み成分のひとつで、例えば緑茶の中だけでも、主として4種のカテキンが含まれている。そのうち3種は緑茶に特徴的なカテキンであり、1種は、リンゴやブドウ、ナシ、ソラマメやチョコレートなどにも含まれているものだ。

お茶の苦み成分で知られるものにタンニンがあるが、実はタンニンの主成分はカテキン。お茶に含まれるタンニンのほとんどがカテキンなので、混同されて語られることが多いようだ。さらにいえば、タンニンはポリフェノールの一種。〝健康によい〟と話題になっているこれらの成分は、別々のものではなく、いわば仲間なのである。

！品種と製法でさまざまなお茶が作られている

緑茶が茶の木の葉から作られるのはご存知の通り。茶の木はツバキ科の常緑樹で、大きくは中国種とアッサム種に分かれる。緑茶は中国種であり、紅茶はアッサム種からも中国種からも作られるが、それぞれさらに細かい品種に区分される。

他に製法で分ける方法もある。製法は大まかには、発酵茶、半発酵茶、不発酵茶の3つ。発酵茶は紅茶、半発酵茶はウーロン茶、不発酵茶の代表は緑茶だ。

玉露や煎茶、番茶、ほうじ茶など、緑茶の中の違いは茶葉の栽培法や、摘みとったあとの製法による。ちなみに、そば茶はそばの実から、黒豆茶は黒豆から、ハーブティーは各種ハーブから作られるが、ジャスミンティーは茶葉にジャスミンの香りをつけたもの。沖縄のさんぴん茶は、ジャスミンティーの一種である。

本当のような嘘 32

食物を消化してくれる胃液は、ビオレと同程度の肌にやさしい弱酸性

弱酸性といえばビオレ。花王のＣＭ戦略の成功によって、我々の脳内に刷り込まれた感がある。そんなに弱酸性を強調するのも、肌が弱酸性だから。通常の石鹸はアルカリ成分の洗浄力によって汚れを落とすが、アルカリ成分は肌への刺激が強い。よって、肌と同じ弱酸性の石鹸ならよけいな刺激がないという論法だ。

酸性、アルカリ性はpH（ペーハー）で表される。ペーハーには0から14まであり、7が中性。数値が小さいほど酸性が強く、大きいほどアルカリ性が強くなる。弱酸性の定義ははっきり決まっていないが、4・5～6が目安といえそうだ。食酢やクエン酸は2程度、食用にも洗剤にもなる重曹が約8、普通の石鹸が9～11程度。ほぼペーハー14の水酸化ナトリウムも、ほぼ0の塩酸も、劇薬に指定されていて、人体にとっては猛毒。

噂の主役である胃液は食べた物を消化するために、胃で分泌される消化液のこと。タンパク質分解酵素である「ペプシン」でタンパク質を分解し、「リパーゼ」という酵素で脂肪を分解する。これがビオレと同程度の弱酸性というのだが、本当だろうか？

本当　胃液には鉄をも溶かす強酸性の物質が含まれる

胃液のペーハーは1〜1・5程度。これは強酸性の範囲だ。さらに驚くのは、胃液の中には塩酸が含まれているということ。胃腸薬のCMなどで、「胃酸過多」や「胃酸を抑える」などという言葉を聞いたことがあるだろう。この胃酸は塩酸そのものなのだ。

塩酸といえば、ドラマなどで塩酸をかけられて皮膚が火傷のようにただれていくシーンが想起される。確かにものを溶かすにはもってこいだろうが、そんなものが胃の中にあっていいのだろうか？

「胃の粘膜を守る」というフレーズも胃腸薬のCMではおなじみのセリフだが、この粘膜で、胃の内部は塩酸から守られている。粘膜には胃腺という小さな穴が3000〜

4000万個も開いており、常に多量の胃液が分泌されている。胃の粘膜は塩酸を含む液を出しながら、それと同時に、胃壁を守る役割を果たしているのだ。

！「虫酸が走る」の虫酸は胃酸のこと⁉

胃からのどにかけてムカムカしたり、胃の中からの逆流感があったりするのが胸やけ。胃の中にいつまでも食べ物が溜まった感じで、すっきりしない状態が胃もたれ。

胸やけは胃酸が増えすぎたり、胃液が食道に逆流したりすることで起こりがち。粘膜に守られていない食道が、強酸性の胃液に刺激されている状態だ。胃もたれは逆に、胃での消化がうまくいかず、腸にいくべき食べ物が滞留している状態。どちらも暴飲暴食で胃に過剰な負担をかけることや、ストレスが原因となって起きることが多い。

ちなみに「虫酸《むしず》が走る」の虫酸とは、胃酸のことだといわれている。口に逆流する酢っぱい胃液のムカムカ感。それをゾッとする、ムカムカするという表現そのものに使ったのかもしれない。

本当のような嘘 33

舌の甘味や苦味を感じる場所は、それぞれ完全に分かれている

人間やほ乳類の舌には「味蕾《みらい》」と呼ばれる味覚を感じる小さな感覚器官（1個が約0・05ミリ）がある。顕微鏡で見ると花の蕾《つぼみ》のような形状のため、味蕾と呼ばれるようになった。舌以外に、軟口蓋（上あご）と咽頭部分（のどの奥）にも存在し、人間の舌には約1万個の味蕾がある。

さて、人間の舌は特定の場所で特定の味覚を感じている。それを視覚化したものが「味覚分布図」だ。甘味、塩味、酸味、苦味のうち、舌の先端には甘味、その隣の両側面が塩味、次に酸味、そして舌の根元には苦味を感じる部分がそれぞれ分布している。

「中学か高校くらいで習ったことがあるな」と、思い出したかもしれない。また学校で習わなくても、どこかで舌の味覚分布図を目にしたことのある諸氏も多いだろう。

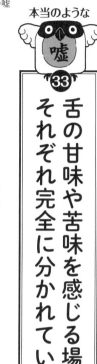

本当 舌は全体で5つの味を感じている

味覚分布図は、ほぼ世界中の教科書に載っていたので、誰もが信用し、いまだに信じている人がいても無理のない話だ。しかし、現在では完全に嘘になってしまった。実はすべての味蕾は、甘味、塩味、酸味、苦味、そしてうま味の5種類の味を感じることができる。したがって、舌の部位による違いはないというわけだ。

どうして、この嘘がそれほど普及してしまったのか？　その経緯を見てみよう。

1901年、ドイツ人のヘーニッヒが味覚の実験結果を元に論文を作成した。そこには甘味、塩味、酸味、苦味の4つの基本味ごとに舌の感度分布図が記載されていた。1942年、アメリカの心理学者エドウィン・ボーリングがその舌の感度分布図を翻訳し、『実証心理学の歴史における感覚と知覚』という自著に引用。ボーリングはヘーニッヒの図を元にし、ちゃんと「各基本味に最も敏感な舌部位の図」として載せたのだが、なぜか「各基本味のみを感じる舌部位の図」と間違って受け取られてしまった。

味覚分布図はわかりやすい点が一般的に受け入れられた。ボーリング自身がハーバード大教授だったことも何かしらのブランド力となり、またたく間に世界中に伝播。教科書に取り上げられるなどして権威づけされたため、否定する学者は多かったにもかかわらず、なかなか一般には嘘だと信じてもらえなかったのだ。

しかし、その後の実験・研究から1990年代には、味覚分布図は否定され、教科書からも消え去った。

本当のような

麻疹や風疹などの感染症は一度かかると抗体ができ、二度とかからない

麻疹《はしか》、風疹、おたふくかぜなどのように、人がかかりやすいウイルスによる感染症を予防するためには、予防接種が有効だ。小学校の体育館などでワクチンを接種された記憶は誰しもあるだろう。予防接種の目的は、抗体のない、感染症にかかりやすい個人に抗原を接種して、人工的に免疫を与えることである。与える抗原をワクチンと呼ぶ。

ひと昔前までは「麻疹や風疹などは、生ワクチンを接種すればかからない」とか、「一度かかると、抗体ができて一生かからない」という「終世免疫説」が信じられていた。

本当 感染症が減ったことで失われた「終世免疫」

確かに以前は麻疹、おたふくかぜ、風疹などのウイルス感染症は、一度かかると二度とかからない「終生免疫」が獲得されると考えられていた。生ワクチン接種の場合も同様に、免疫はその人の一生涯続くとされていた。しかし近年、免疫を持続するためには、それ以降もウイルスにさらされる機会が必要だということがわかってきた。

感染症は、自然感染や予防接種によって体内に抗体ができた場合でも、再感染、あるいは再予防接種により、体内の抗体が強くなる性質がある。これは、生体の免疫担当細胞が、出会った病原体を記憶しているからと考えられている。このことを「免疫学的記憶」という。そして、再感染や再予防接種によって免疫学的記憶を高め、より強い抗体を持つことを、「ブースター効果」と呼ぶ。

ワクチンの接種率が向上し、衛生的になった現代社会から感染症が飛躍的に減少したことにより、原生ウイルスに接触する機会が激減した。その結果、皮肉にも感染症への免疫が低下し、ブースター効果がない場合は、15年も経てば抗体はなくなってしまうという事態を招いた。

一般的に感染症にかかった場合、その感染症で死ななければ、人には抗体が産生される。再感染がなければ抗体はだんだんと感染阻止レベル以下に低下してしまう。BCG、麻疹、風疹、水疱瘡などの生ワクチンでは抗体は長期的に持続するが、やがて抗体は感染阻止レベル以下に低下し、2回目の接種が必要となる。四種混合や日本脳炎などの不活化ワクチンは、2〜3回の基礎免疫作成のための接種と数年ごとの追加接種が必要だ。

生ワクチンでも、不活化ワクチンでも、ワクチンを接種しても、免疫が産生されないケースが数%見られる。例えば、麻疹ワクチンの接種による抗体陽転率は95〜98%で、ほとんどの人が抗体を獲得するが、残りの2〜5%は抗体ができない。その原因はさまざまだが、抗体ができにくい「ローレスポンダー」と呼ばれる体質だったり、ワクチンそのものの免疫原性が弱かったりする場合もある。

❗ 女性が妊娠前に受けるべき予防接種は？

最近ではワクチンのメリットや抗体期間に疑問を持つ声も挙がっている。しかし、ぜひおすすめしておきたいのが、若い女性の「風疹ワクチン」接種だ。

もし妊娠初期に風疹に感染してしまうと、流産の恐れや、胎児に白内障、心疾患、難聴などの「先天性風疹症候群」と呼ばれる深刻な影響をもたらす場合がある。近い将来妊娠を希望している女性は、妊娠前に風疹のウイルスに対する抗体の有無や量を調べる抗体検査を受けるのが望ましい。抗体検査の結果によっては予防接種を受けておこう。

特に要注意なのが、昭和54年から昭和62年に生まれた女性。風疹ワクチンの予防接種制度は年ごとに大きく変わっているのだが、厚生労働省によれば、昭和54年〜昭和62年生まれのワクチン接種率は低く、昭和37年以前に生まれた人には、そもそも風疹ワクチンの予防接種の機会がなかったそうだ。

風疹のワクチンは、毒性を弱めたウイルスが生きている生ワクチン。妊娠がわかった時点では打つことができない。妊娠前に、風疹抗体を持っているかどうか、事前にチェックしておくことが肝心だ。接種後2カ月経てば、妊娠しても問題はない。

嘘のような本当の話❸

春の選抜高校野球大会でゾウが応援に来た学校がある

１９５１年の春のセンバツ大会の時のことである。地元の兵庫県代表で初出場だった鳴尾高校が、応援のためにゾウを甲子園球場に連れ込んだ。

鳴尾高校の応援団長が甲子園球場と隣接する遊園地の阪神パーク（２００３年に閉園）と交渉。阪神パークは動物も飼育していたのだが、そこからゾウを借りて、レフト通路からグラウンドに入場させるという離れ業を実現した。応援団長はハカマ姿で校章の入った旗を手にしてゾウにまたがり、スタンドの観客の前に現れて応援を盛り上げ、そのかいあってか、鳴尾高校はこの大会で準優勝している。

何かと規制が厳しい現在ではとても考えられないが、当時も高野連から鳴尾高校はこっぴどく怒られてしまった。だが同校はゾウの応援のことを恥ずべき歴史として隠すことなく、メディアの取材などには「ゾウのことが語り継がれているようですね」と笑って対応している。なお、当時の鳴尾高校野球部には、のちにプロ野球で活躍する鈴木武（近鉄パールス、大洋ホエールズ）、藤尾茂（読売巨人軍）、中田昌宏（阪急ブレーブス）らがいた。

第4章

何気なく信じていた!?　日常に潜む嘘

本当のような

結婚式のご祝儀でお札を奇数枚にするのは、「別れる」という意味を避けるため

冠婚葬祭に関するマナーは決まりごとがいろいろあって厄介だが、不可避でもある。特に結婚式&披露宴に招待された時、一番の気がかりがご祝儀の額だろう。世間的には身内以外の会社の同僚、友人なら3万円が相場だといわれている。これは披露宴の料理代が1～2万円、引出物が1万円と考えると、妥当な金額だからだ。

また、3万円なら、1万円札が3枚で奇数のためマナーの点でも合格！　なぜかというと、1万円札の枚数が偶数だと、「割り切れる」ことから「別れ」を連想させるので縁起が悪い。一方、奇数ならば「割り切れない」ため、「お2人がいつまでも別れないように」という意味が込められているのでOKだ。

もし、どうしても2万円にしたい場合は、お札の枚数を奇数にするテクニックがある。

1万円札1枚+5千円札2枚、合計3枚を包めば大丈夫。マナーは合格、マネーは節約できるというわけ。

本当　ご祝儀のお札の枚数にタブーはない

ご祝儀の相場が3万円だということも、奇数の枚数なら縁起がいいということも、どちらも社会的な通念だが、「偶数が割り切れるからNG」というのは真っ赤な嘘だ。

では、なぜ偶数がNGと思われるようになってしまったのか。

それは、古代に日本に伝わった中国の思想「陰陽」に端を発する。「陰陽」では陽は天・日・明などの動的なもの、陰は地・月・暗などの静的なものを表す。このように相対する2つのもので世界が成り立っているとする思想が「陰陽」だ。奇数は陽、偶数は陰に配される。ここから陽である奇数を「吉」と見て、陰の偶数を避ける習慣が生まれた。

陰より陽がめでたい席に似つかわしいのは、イメージ的にも納得がいく。日本では昔からそう考えられていたようで、神前の結婚式では新郎新婦が「三三九度の杯」を交わす固めの儀式があるし、宴会などの手締めは「三本締め」や「一本締め」、子どもの成長を祝うのは「七五三」など、生活に根ざしたさまざまな祝いの場面で奇数が登場している。あるいは、特定の分野で優れた者たちを「三羽烏」などと呼んだり、名所などを「三大○○」というい方でくくったりもする。陽である奇数が尊ばれてきたのだ。

本来、結婚式の祝儀の額は奇数でも偶数でも構わない。当たり前だが、マナー以前の問題として、心から祝いたいという気持ちが一番大事だし、2には「ペア」という意味があるため、1万円札2枚の2万円を包むことに抵抗を感じない人も増えてきたようだ。8も「八」と末広がりで喜ばれる数字だが、8万円はフトコロに痛いかも。

数にこだわる必要はないとはいうものの、4は「死」を、9は「苦」をイメージさせるため、縁起が悪く忌み嫌う人が多いのは確かなこと。現在でも、病院などでは「4」を避ける。ベッドの4番、病室の4号室のほか、14番や24番もそれぞれ「重死」「二重死」を連想させるからと、欠番にする傾向が見られる。

ご祝儀に関しても、4と9だけは避けたほうが無難である。

本当のような嘘 36

「凶事に友を引く」ため、友引の日に葬儀をしてはいけない！

「大安」「仏滅」「友引」などの六曜（六輝）は葬儀や結婚式、法事などの日取りを決める要素のひとつ。冠婚葬祭を行なう時に、事前に確認する人も多いことだろう。

友引は「友を引く」といい、故人と親しい人があの世へ連れて行かれてしまうと考えられているので、葬儀を避けたほうがよい日とされる。

本当 本来、「友引」は「勝負がつかない日」の意味

六曜は鎌倉時代末期から室町時代に中国から伝わった思想で、その日の吉凶や運勢などを暦に記載する「暦注」のこと。日本では冠婚葬祭との結びつきが強いため、仏教に

関わりのあるものと思っている人も多いが、宗教とは何の関係もない。友引が「凶事に友を引く」というのは、まったくの迷信だ。

六曜の起源となっているのは、中国・唐時代の易学者である李《り》淳風《じゅんぷう》が作った「六壬《りくじん》時課《じか》」とされている。これはもともと、時刻の吉凶を占うもの。「速喜《そっき》」「留連《りゅうれん》」「将吉《しょうきち》」「空亡《くうぼう》」「大安」「赤口《しゃっこう》」の6つから構成されている。

そのうちのひとつ「留連《りゅうれん》」の音がなまって「友引（ゆういん）」となり、「友引（ともびき）」となったといわれている。本来の意味するところは「勝負のない日」「勝負のつかない日」で、現在では使われていないが「共引」の文字が当てられていた時代もあった。

これが後年、「親しい人を道連れにしないように」と、縁起をかつぎ葬儀を避けるようになった。六曜の考え方が浸透した江戸時代末期以降のことのようだ。この日に葬礼を行なう場合は、身代わりの人形を棺に入れて「友を引かせる」風習も一部に見られる。

迷信・俗信とはいえ、広く定着している風習だけあって、友引に葬儀を行なう人は少なく、友引を休業日としている火葬場もある。

❗六曜が示す意味とは？

六曜の並びには決まりがある。旧暦各月の朔日（１日）に配されるのは、１月と７月が「先勝」、２月と８月が「友引」、３月と９月が「先負」、４月と10月が「仏滅」、５月と11月が「大安」、６月と12月が「赤口」だ。２日以降は順番に繰り返される。毎日の吉凶を占うもので、一般的には、次のようにその日の運の動きが解釈されることが多い。

- **先勝**《せんしょう》……午前は吉、午後は凶
- **友引**……午前と午後は吉、正午頃のみ凶
- **先負**《せんぶ》……午前は凶、午後は吉
- **仏滅**《ぶつめつ》……一日凶
- **大安**……一日吉
- **赤口**……午前と午後は大凶、正午頃のみ吉。

最近では仏滅や大安を気にしないという人も少なくないが、何かしらの理由があって古《いにしえ》の人々が考え、現代まで受け継がれてきた六曜。知っておいて損はない。

本当のような嘘 37

何かひとつでも商品を買わないと、自動販売機では両替できない

１００円玉や５００円玉など硬貨が必要な時に、財布の中に入っているのはお札だけ。
そんな時、あなたはどうするだろうか？

定番の解決方法は「どこかの店で両替してもらう」「自動販売機で1本だけジュースを買ってお釣りの小銭を受け取る」などだろう。
だが、最近では「両替お断り」の店も多いため、結局、何か低額の商品を買ってしまうという人が多いのではないだろうか。どこにでもある自動販売機で買い物をするというのが一番手っ取り早い手段なのかもしれない。とはいえ、小銭を手に入れるために、飲みたくもない清涼飲料水などを買うというのも、お金のムダ遣いではある。

本当　自動販売機には、さまざまな裏技がある

実は買い物をしなくても自動販売機で両替できる裏技がある。

用意するものは、１０００円札２枚。

まず１０００円札１枚を自動販売機に入れたあと、もう１枚の１０００円札を投入。それから返却レバーを下ろすと、１枚の１０００円札はそのまま戻ってくるが、残りの１０００円は小銭に両替された形で戻ってくるのだ。

つまり、何も買わずに自動販売機を両替機として使うことができるというわけ！


ただし、自動販売機を設置している業者の立場からすれば、釣り銭用の小銭の準備は手間やお金がかかるもの。銀行での両替は硬貨の枚数によって手数料が発生する場合もある。商品を買わずに小銭だけ持っていかれては困ってしまう。

それに、この裏技のせいで、自動販売機が釣り銭切れになってしまったら、他のお客さんにも迷惑だ。

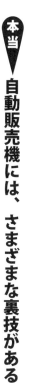

自動販売機ではないが、両替機が設置されたゲームセンターのゲームで遊ばず、ただ両替だけをする人のせいで両替機の小銭がなくなって迷惑をしているという話も聞く。この裏技を使った両替はいざという時だけにしてほしい。

❗自動販売機に関する役に立たない雑学

他にも、自動販売機にまつわる小ネタを紹介しよう。

自動販売機の返却レバーを下ろしながら、商品のボタンを押すと、普段は投入金額が表示される画面に別の数字が現れる。数字の内容はメーカーによって異なるが、温度や売り上げ本数などが表示されるようになっているそうだ。

また、自動販売機は夜間になると自動的に照明が点灯するが、メーカーによっては返却レバーを下げながら商品ボタン2つを長押しすることで、昼間でもライトを点けることができるのだ！　それが何になると聞かれても困るが。

とにかく、これらの裏技は飲み屋での雑談ネタにとどめ、実践は避けていただきたい。

本当のような嘘 38

日本人でも簡単にスイス銀行に口座が開ける

世界中の億万長者や政治家、大企業が、タックスヘイブン（租税回避地）に資金を預けて運用していた証拠となる「パナマ文書」が公開され、論議を呼んでいる。日本人や日本企業の名前も入っていたとあって、日本の億万長者がすでに資金を海外で運用していることに驚かれた向きも多いのではないだろうか。

日本には「富裕層」と呼ばれるお金持ちが約１７４万人いるという。これはアメリカに次いで世界第2位。個人の金融資産合計は約１５００兆円！　これは日本のＧＤＰ（国内総生産）の3年分に相当する。となれば、当然「苦労して稼いだ大金を税金としてむしり取られるのは耐えられない」と考える節税派も出てくるだろう。漫画『ゴルゴ13』のように、「スイス銀行の口座に振り込んでおいてくれ」といいたくなるというものだ。

本当 スイス銀行という銀行は存在しない

しかし、「スイス銀行」という名称の銀行は、スイスにはない。だから、「スイス銀行」に口座を開くことは、ゴルゴ13だってできない。では、億万長者はスイスのどの銀行に資産を預けているのか。スイスで銀行といえば、UBSやクレディ・スイスが有名だが、これらは大手商業銀行がプライベート・バンキング部門を持っているケースだ。プライベート・バンキング専門のピクテ、ロンバー・オディエ、ジュリアス・ベアといった銀行が、世界中の億万長者の資産運用を行なっている。

プライベート・バンクは銀行とはいえ、給与振込とか電話料金の引き落とし等に利用する銀行ではない。定期預金に加入すると貯金箱やティッシュをくれるわけでもない。資産運用や投資の提案、節税対策など、私設会計士のようなサービスを提供している。きめ細やかな顧客対応が売りで、かかる経費は口座維持手数料などすべてを含んで預金総額の1～1・5%とリーズナブル。日本では規制が厳しい外国株やファンドなどの金融商品も、プライベート・バンクの口座があれば、世界中の商品を自由に購入できる。

❗ プライベート・バンクの口座開設は3億円くらいから

「手数料が安い」「かゆいところに手が届く」「スイスって何となくリッチなイメージ」といいことずくめに感じられるスイスのプライベート・バンクだが、口座を開設するには超高いハードルがあることも事実。日本人でもＯＫだが、当然のことながら向こうには日本語を話す担当者はまずいない。顧客サイドは先方の担当者ときめ細かくコミュニケーションできるだけの語学力を持っていなくてはいけない。

そして一番の関門は資金。手数料が安いこともあって、預ける資金に「足切り」があるのだ。例えば、ＵＢＳは２億円くらいから話を聞いてくれるというが、ピクテは５億円から、他行も軒並み３億円以下では「経営効率が悪くなる」との理由で、「丁重にお断り」されてしまう、とのこと。

「手数料が１％程度でリーズナブル」と先に述べたが、実は年間２００万～３００万円以上のお金を払う計算になる。やっぱり、我々庶民には手が届きそうもないのである。

本当のような嘘 39

交通標識の「T字路」の「T」は、アルファベットの「T」である

2本の道路が、まさに「T《ティー》の字」の形に交わっているから「T字路」。名は体を表すというか、一目瞭然とはこのことだ。

本当 「ティー」じゃなくて「テイ」

微妙な違いではあるが、アルファベットの「T」ではなく、本来は漢字の「丁《てい》」なのだ。「丁」字形のものを表す表現に、「丁字」や「丁字形」という伝統的な言葉がある。16世紀初期の文献に見られるもので、明治時代の小説にも散見される。夏目漱石の『彼岸過迄』には「丁字になって交叉している三つ角」、同じく漱石の『行人』には「丁字形の棒の先」、森鷗外の『青年』には「丁字路」などの表現が出てくる。現代でも、お産や手術の時にはまだ「丁字帯」が活躍している。

しかし英語のアルファベットが一般に普及すると、丁とTの形が似ているところから、T字路と誤って使用されるようになった。両方の読みが「テイ」、「ティー」と似ていることも混同されやすい要因のひとつ。「Tシャツ」という言葉が市民権を得てからは、さらに「丁」→「T」という誤用が加速された。

最近では「T字路」も市民権を得つつある

ただし、現在、一般的な辞書での扱いは、〝T字路もアリ！〟な方向へ進んでいる。例えば、『大辞林』には丁字路もT字路もどちらも載っている。『広辞苑』の第六版にも両方が見出し語として掲載されている。

NHK放送文化研究所のサイトでも、「伝統的には丁字路ですが、現在では一般にT字路もよく使われています。放送では、おおむねどちらを使っても問題ありません」。

しかし、「あくまでも伝統的な形は丁字路だということは覚えておいてください」とある。

また、道路交通法の条文など、法律の面から見ると、「丁字路」が正式な表現だといえる。

ちなみに、丁字路は城下町に圧倒的に多い。

都市計画の面から見れば、交通や流通の効率が悪く、丁字路は極力減らしたいはずだ。道路の形状は、京都に見られる碁盤の目のようなものがよい。

しかし、城下町は城を守ることが第一条件であるため、わざと丁字路を多くして、防衛面の強化を図ったようだ。

本当のような嘘 40

「皇帝」「海音」「永恋」……判読不能なキラキラネームは21世紀の新しい文化！

リクルーティングスタジオの調査によると、２０１５年の「キラキラネーム」のランキングは以下の通り。あなたはいくつ読めるだろうか？　答えは、のちほど紹介しよう。

①皇帝　②星凜　③愛翔　④煌人　⑤永恋
⑥空蒼　⑦愛莉　⑧海音　⑨碧空　⑩七海

キラキラネームとは、一般常識から著しく外れたレベルの珍しい名前を、子どもの戸籍上の本名としたもの。アニメやゲームに出てくるキャラクターの名前などを、漢字に当てはめたものはその一例だ。ほとんどそのままでは読めないものが多く、物議を醸し

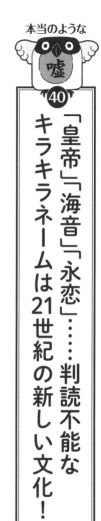

ている。2000年頃から急増し、インターネットスラングではDQN（ドキュン）ネームとも呼ばれる。では、ここで答えを発表しよう。

①しいざあ　②あかり　③らぶは　④きらと　⑤えれん
⑥くう　⑦らぶり　⑧まりん　⑨みらん　⑩まりん

う〜ん、なぜそう読めるのか、首を傾げたくなるものも多いが、現在の戸籍制度だと、使える漢字の制限はかなり厳しく、常用漢字と人名用漢字以外は認められないが、読み方の制限については特にない。その盲点を突いたのが、キラキラネームともいえそうだ。

本当　実は大昔からあった!!　キラキラネーム

落語の「寿限無《じゅげむ》」ではないが、子どもに変わった名前をつけるという現象、実は鎌倉時代の頃から随筆などで確認されている。

しっかりと記録が残っているのは明治時代からで、代表的なのが文豪として名高い森鷗外（本名・森林太郎）。ドイツ留学を経て書いた小説『舞姫』は、ドイツ時代の鷗外自身をモデルにした実話だといわれている。留学先で出会った貧しい踊り子エリスと恋に落ち、エリスは主人公の子どもを身ごもるが、親が決めた婚約者が日本に待つ主人公はエリスを捨てて、日本に向かう船に乗る……という悲恋物語だ。鷗外自身も、帰国後に元恋人のドイツ人女性があとを追って日本にやって来た実体験の持ち主だ。

そんな鷗外の子どもたちの名前は、目立ってヨーロッパナイズされている。

赤松男爵家から嫁いで来た最初の妻、登志子との間に生まれた長男は「於菟（オト）」。これは「オットー」を意識したものだろう。於菟は父親と同じく、東大医学部を卒業し、母校の医学部助教授などを務めた秀才だった。

鷗外の二番目の妻は、裁判官の娘・志げ。志げとの間にも子どもが生まれたが、ほとんどがキラキラネーム。長女「茉莉（マリ）」はまだいいとして、次女は「杏奴（アンヌ）」。次男「不律（フリッツ）」、三男は「類（ルイ）」と、ヨーロッパの王族のような名前が並ぶ。

周囲が五右衛門だのウメだのという名前ばかりの時代、浮きまくる名前のせいで、子どもたちがいじめられてグレてしまうのではないか、と思いきや、それは杞憂であり、むしろそんな西洋かぶれが、子どもたちにはまんざらでもなかったようだ。

長男の於菟と長女の茉莉はキラキラネームを踏襲し、於菟は息子たちに「真章（マクス）」「富（トム）」「礼於（レオ）」「樊須（ハンス）」「常治（ジョージ）」といったバタ臭い名前をつけた。また。長女・茉莉も息子に「爵（ジャク）」と命名している。

❗ 与謝野晶子もキラキラネーム好きだった

洋風キラキラネームは鷗外と親交の深かった歌人、与謝野鉄幹&晶子夫妻も好んだ。外遊ののちに生まれた四男に「アウギュスト」、五女に「エレンヌ」というキラキラネームをつけている。こちらは当て字なしでストレートなカタカナ名だったせいか、アウギュストはのちに「いく」と改名したらしい。

ちなみに与謝野夫妻は12人もの子だくさんで、ひとりは夭逝したものの、残りの11人は立派に成長し、次男の秀は東大卒業後、外務省入りし、在フランス大使館勤務など成功した人生を歩んだ。

用紙サイズを表すＡ判はオーストリア式　Ｂ判はイギリス式、という意味である

プリンターやコピー機の用紙のサイズは「Ａ４」「Ｂ５」などで表される。これは紙の大きさを示す規格で、「Ａ４」「Ａ５」などは「Ａ判（またはＡ列）」と呼び、「Ｂ４」「Ｂ５」などは「Ｂ判（またはＢ列）」と呼ぶ。

Ａ判の一番大きい紙のサイズはＡ０《ゼロ》で８４１ミリ×１１８９ミリである。そして、Ａ０の紙を半分に折った８４１ミリ×５９４ミリのサイズはＡ１になる。そのＡ１を半分に折ったサイズがＡ２である。

このようにＡ４、Ａ５などのＡのあとに続く数字が大きくなればなるほど、逆に紙のサイズは小さくなる。ちなみに、Ａ10はＡ０の１０２４分の１の大きさである。

Ｂ判はＡ判よりも大きく、Ｂ０は１０３０ミリ×１４５６ミリ。こちらもＡ判と同じく、Ｂ1はＢ0の半分のサイズ、Ｂ2はＢ1の半分のサイズといった具合に、数字と紙の大きさは反比例の関係にある。

いったい、このＡとＢは何の略称だろうか？

Ａはオーストリアの頭文字で、Ｂは英国（ブリテン）の頭文字という説がある。なぜなら、モーツァルトやシューベルト、マーラーといった作曲家を生んだオーストリアの音楽家が、楽譜に好んで使った紙のサイズがＡ判の元になっているからだ。一方、Ｂ判は英国郵便局が定めた郵便物の定型サイズが元になっている。

このように、Ａ判もＢ判も由緒正しい出自があるのだ。

本当 Ａ判は国際規格、Ｂ判は日本の国内規格

それは真っ赤な嘘でした。

Ａ判は19世紀末のドイツの科学者ヴィルヘルム・オズワルドが提案したもので、現在

はＩＳＯ国際標準規格に採用されている。ちなみにオズワルドは物理化学という分野を確立したひとりであり、１９０９年には触媒作用、化学平衡および反応速度に関する研究でノーベル化学賞を受賞している。

Ｂ判は日本の美濃紙に由来がある日本独自の規格である。美濃紙は江戸時代に幕府御用達の公用紙として使われていて、高級障子紙としても使われた。その障子の規格が美濃判と呼ばれ、現在のＢ判の元になっている。

なお、Ａ判もＢ判も縦横の比率が、縦：横＝１：$\sqrt{2}$となっている。この１：$\sqrt{2}$の比率は「白銀比」と呼ばれる比率で、どこまで半分にしても同じ形の長方形になるという特徴がある。

美しい比率としては、約8対5の比率「黄金比」も知られているが、「西洋の黄金比、日本の白銀比」と評されていて、法隆寺の五重塔のサイズや菱川師宣の「見返り美人図」なども白銀比になっているそうだ。

わが国で人気のキャラクター、「となりのトトロ」や「スーパーマリオ」「ドラえもん」「ミッキーマウス」なども、ほぼ白銀比に収まっているという話も興味深い。

本当のような嘘 42

つまようじのミゾは折って「つまようじ置き」にするためにある

つまようじの持ち手側の端にあるミゾ。何のためにあるか、ご存知だろうか？

実は非常に実用的な役割が、あのミゾにはある。

ミゾがあることで折れやすくなっているので、2本あるミゾのうち、中央部に近いほうでつまようじを2つに折ってほしい。折れた持ち手側の短い部分をテーブルの上に置いてみると、何かに気づくのではないだろうか。

折り取った端の部分は、はしを置く〝はし置き〟のように、つまようじを置く〝つまようじ置き〟として最適なのである。つまようじで果物やお菓子などを刺して口に運ぶ時は、同じつまようじを繰り返し使うから、つまようじ置きがあると非常に便利である。

つまようじは、このように使い手のことを考えてデザインされている？

本当　つまようじのミゾは、あくまで飾り

「ミゾは折ってつまようじ置きにするためのもの」説はいまだ根強い。落語家の柳家金語楼がこれを考案し、実用新案登録したという話も伝わっている。

ところが1987年10月7日付の日本経済新聞に掲載された記事で、大阪府妻楊枝協同組合が明確につまようじ置き説を否定している。あのミゾは昭和30年代半ばに、高山のつまようじ職人がこけしをモデルにして、単なる飾りとしてデザインしたのだという。

また、『最後の職人伝「手業に学べ」人の巻』（塩野米松著）という書籍には、大阪のつまようじ職人の「この楊枝の頭を、コケシってていうんです。人形のこけしの頭に似ているからです。このコケシは、メーカーによって溝のつけ方が、ちょっと違うのです。どこの楊枝かすぐわかるように。まあ、ブランドですね」という発言が掲載されている。

以上のことからミゾは飾りだったことが判明し、「ブランド」という言葉からはミゾ

が製造者の技術の高さと誇りを示すものでもあったことがうかがえる。

また、つまようじを製造する時には機械で回転させながら削るので、とがっていないほうが摩擦で黒く焦げてしまう。それをカバーするためにこけし風に削る説もある。

❗ つまようじと仏教の深い関係

もっともらしい嘘である〝つまようじ置き説〟が広く知られているのは、それだけつまようじが我々の生活に根づいていることの証左でもあるだろう。

つまようじは食べ物を刺して食べる道具や、玉ねぎの輪切りなどのばらけやすい食材をひとまとめにする際にも使われているが、もともとは歯の間につまった食べカスや歯垢を取り除くためのツールである。日本には6世紀頃に仏教が伝わった際、一緒に伝来したともいわれている。

仏教とようじの関係は深い。一説には、釈迦が弟子に木の枝を使って歯を磨くように教えたのが、つまようじの元祖といわれている。

本当のような嘘43

鍋の熱さに耐えかねたどじょうが、豆腐にもぐり込む料理「どじょう豆腐」

「どじょう豆腐」「どじょう地獄」という料理が昔から伝わっている。これは水を入れた鍋に、生きたままのどじょうと豆腐を入れて煮るというものである。

この料理のポイントは、鍋も水も豆腐も冷やしてから、どじょうを入れることらしい。徐々にお湯が沸いてくると、どじょうが熱さに耐えかねて、まだ冷たい豆腐の中にもぐり込むが、その豆腐も次第に高温になって、豆腐の中に避難していたどじょうも一緒に煮えてしまう。「どじょう地獄」とは言い得て妙だが、どじょう側にとっては、ちょっと気の毒な料理である。

この料理は一見、湯豆腐を食べているようにしか見えないため、肉食を禁じられていた僧侶たちにとっては、もってこいのご馳走であったと伝えられている。

どじょうを鍋の水に泳がしておいて火にかけ、熱くなって苦しみだした頃に、冷たい豆腐を切らずに入れると、どじょうが我先に豆腐に逃げ込むという別レシピもある。

本当 どじょうは豆腐の中には入ってくれない

しかし、21世紀の現代、実際に「どじょう豆腐」を試した人たちからは、「豆腐の中に入る前に、どじょうが煮えてしまった」「豆腐に穴をあけておいてもダメだった」という失敗の報告が数多くなされている。NHKの番組でも実験されたことがあったが、さまざまなタイミングでどじょうを放してみても、うまくいかなかったようである。

現在のどじょうは、ほとんど養殖モノのため、そもそも「穴にもぐる」習性がない。野生のどじょうだったら、もしかしたらうまくいくのではないかという説もある。

「『どじょうが熱さに驚いて冷たい豆腐に逃げ込む……』という発想はなかなかユニークですが、どうやらこの料理は、伝説上の幻の料理のようです」と、日本豆腐協会のホームページには記載されている。

本当のような嘘 44

「ぐっすり」という言葉は、英語の「グッド・スリープ」から来ている

日本語と思って使っていたのに、実は外来語だったという言葉は結構たくさんある。

例えば、「サボる」はフランス語の「サボタージュ（労働争議中に労働者が故意に生産を遅らせること）」が語源であるし、「天ぷら」はポルトガル語の「テンペラール（味つけする、調理するという意味）」が語源という説がある。

逆に、日本語の単語が、海外でその国の言葉として定着していることもある。

「神風特攻隊」の「カミカゼ」は「向こう見ずな、無謀な」といった意味で、英語圏で使われているし、最近では日本語の「ツナミ（津波）」が英語圏でも通じる。ただし、発音は「スナミ」、欧米人には「つ」の音を語頭で発音するのが難しいらしい。

下ネタになってしまって恐縮だが、ＡＶでおなじみの「ぶっかけ」も、そのまま「ブッカケ」で、英語で通じる言葉になっているそうだ。

このように、意外と日本語と外国の言葉の敷居は低く、実は「ぐっすり」も英語が語源という説がある。

「ぐっすり眠る」というように使われる言葉だが、実は「グッド・スリープ」が語源なのだ。「ハブ・ア・グッド・スリープ（ぐっすり眠ってください）」というように使われている「グッド・スリープ」が転じて「ぐっすり」になったという。

明治時代、英語を学んでいた学生たちが授業中に寝てしまった。この生徒に対し、教師が「グッド・スリープ」と揶揄《やゆ》したことから、「ぐっすり」という言葉ができたのだとか。

本当 ぐっすりは江戸時代から使われていた日本語

前述の「サボる」や「天ぷら」が外来語由来というのは周知の事実だし、「神風」「津波」「ぶっかけ」が英語になっているというのも本当のことだが、「ぐっすり」の語源が「グッド・スリープ」というのは完全なフィクションである。

ぐっすりは、もともと江戸時代に「すっかり」「十分に」という意味で使われていた。そこから派生して「よく眠る」という意味の言葉になったのだ。江戸時代から存在している言葉で、英語が語源ではない。

これらも英語由来の日本語？

ぐっすりのように偶然、日本語と海外の言葉が似ていることから、「語源は外国語ではないか？」と誤解される例はほかにもある。

例えば九州の方言「ばってん（でも、しかし、という意味）」は英語の「バット・アンド」や「バット・ゼン」が語源という説がある。表すニュアンスもかなり近いし。

また同様に、「アホ」は英語の「アス・ホール」が語源といわれている。「アス・ホール」は「尻の穴」「嫌なヤツ」「バカ」という意味なので、こちらもひょっとすると？と一瞬思わせるものがあるが、いずれも、「ぐっすり」のように、後年に生まれた、ただのこじつけにすぎないようだ。

本当のような嘘 45

「酒」に棒が1本足りないお洒落の「洒」は「いやぁ君には1本取られたよ」の意味

お洒落《しゃれ》の「洒」とよく似ている漢字に「酒」がある。だから「お酒落」だと勘違いをして覚えている人が意外と多いとか！「洒」のつくりは東西南北の「西」だし、「酒」のつくりは干支のひとつである「酉」だ。しかし実は、お洒落の語源は酒と深い関係があり、もともとの表記は「お酒落」が正しかったという。

その昔、酒の席でおもしろおかしく笑いを取り、見事に落ちをつけて場を盛り上げる人物が粋だということで、「お酒落」という表現が生まれた。ところが、ある時、プロ芸人並みの伝説的な盛り上げ役が現れ、周囲は「いやぁ君には1本取られたよ」と口々に感心するようになる。酒から洒に文字通り1本（一画）取られ、「お酒落」がいつしか「お洒落」になったというのだ。

本当　されしゃれお洒落が正解

酒席の盛り上げ役のレジェンド話は、レッドカード並みの真っ赤な嘘。お洒落の語源は、元来「晒《さ》れ」や「戯《さ》れ」からきた「されー」が転じて「しゃれ」になり、「しゃれる」という動詞が発生し、「お洒落」になったという説が有力だ。

「晒れ」は太陽や風雨にさらされて色が落ちることで、「あか抜ける」という意味に通じる。人目にさらされているうちに、余計なものがなくなり外見が整ってくるという解釈だ。一方、戯れはたわむれる、風流である、趣があるという意味を持つ。ここから、あか抜けるという意味の動詞「しゃれ」「しゃれる」が生まれた。

最近の若者言葉に、お洒落を揶揄して「オサレ」という言い方があるが、発音の面から見れば、語源に近い用法だといえるかもしれない。また、今では「お洒落なひと時を過ごす」「お洒落な会話」などと視覚的なもの以外でも、洗練されたものを表現する語として、便利に使われているのはご存知の通り。

❗「洒落」や「しゃれこうべ」も同類

ところで、お洒落から「お」を取った「洒落」。これは言葉遊びのひとつとして知られ、使い古されたものなどはダジャレ、親父ギャグともいわれる。誰もが知っている古典的な「布団がふっとんだ」「アルミ缶の上にあるミカン」のように、短いセンテンスの中で同音異義語・同音類語を入れておかしみを出す。この洒落もお洒落と同じ語源を持つ言葉。笑いのセンスがあることは、昔から洗練されていること、お洒落なことだと認識されていたのである。

最後にもうひとつ雑学を。お洒落と同じ語源に「しゃれこうべ」がある。「されれ（晒れ）＋こうべ」からきた言葉で、こうべはもちろん頭部のこと。漢字では髑髏と書き、頭蓋骨が白骨化し、風雨にさらされた状態のものを指す。語源は同じだが、「お洒落な死人の頭」ではないので、念のため。

本当のような嘘 46

「烏」という漢字は「カゴに入れない鳥」から生まれた

漢字の「鳥」と「烏《からす》」はパッと見ただけでは区別がつきにくい。「鳥」から横棒を一本減らした漢字が「烏」だ。烏を他の愛玩鳥のように、カゴに入れて飼う人はあまりいない。そのことから、漢字もカゴの中に入っていない（横棒がない）状態になった。これがこの漢字の由来だといわれると、「なるほど！」と唸ってしまうのではないか。

本当　**一本足りないのは鳥の目にあたる部分！**

烏になくて鳥の字にある横棒はカゴではない。象形文字で見た時、「目」に当たる部分である。烏は体全体が真っ黒なため、どこが目やら判別が難しいので、象形文字の段

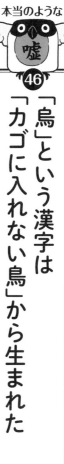

階から目である横棒が1本足りなくなった、というのが真相だ。

烏の体が黒いことから生まれた表現に、ことわざの「闇夜の烏」や、故事成語の「烏の雌雄」などがある。「闇夜の烏」は、黒い烏が闇にまぎれて見えないように、区別がつかないこと。一方の「烏の雌雄」は、両方とも黒くてどちらが雄か雌か見分けられないことから、物事の善悪や優劣をつけられないことを表している。

烏の雌雄は故事成語の通り、本当に見分けるのが難しい。見た目では特に違いはなく、捕まえて体長を計測すれば雄のほうが少し大きく、くちばしがやや太いとわかる程度。観察すると、単体では雌雄の判断ができないが、求愛給餌をするのが雄なので、そのシーンを見れば判別できるとか。専門家でも、雌雄の区別は簡単にはいかないそうだ。

近年、ゴミを漁ったり散らかしたりと、烏の被害は都市問題になっている。日本の農業害鳥の中で烏の被害量は、全体の約57%とダントツの1位（ちなみに2位以下は、ヒヨドリ16%、カモ8%と続く）。烏は雑食性なので、作物だけでなく昆虫、カエル、動物の死体なども食べる。被害作物は果樹、野菜、水稲、飼料などで、全国における鳥の被害量は年間約1万5千トンにも上る。

「これだけの被害がある害鳥なんだから捕獲すればいいじゃない」といいたくなるが、法律違反になるので要注意。日本に生息する鳥も含む野鳥を許可なく捕ることは、鳥獣保護法で禁止されている。狩猟免許を持った人だけが、有害鳥獣駆除という目的で捕獲できるのだ。これは、法律によって捕獲を制限されていなかった時代に、野鳥が乱獲されたことからルール化されたためである。

本当のような

情報は東西南北からやってくるから、それぞれの頭文字をとってNEWS！

ニュースは四方八方から入ってくる。北（ノース）、東（イースト）、西（ウエスト）、南（サウス）の頭文字を並べると、「ＮＥＷＳ」になる。これこそがニュースの語源。東西南北で起きたさまざまな出来事を紹介するから、「ニュース」と呼ばれるようになったのだ。

本当　NEWSの由来はフランス語

この由来物語、実によくできた嘘ではあるが、その根拠はない。では、実際は、どこから来た単語なのだろうか？　歴史をさかのぼってみると、どうやらフランス語の「ヌーヴェル（新しい）」にたどりつく。ここから英語のＮＥＷが生まれ、新しいことども、と複数になったためにSがついたようだ。新しい事実の集合体がニュース、というわけ。

英語はイギリスで生まれた言葉だが、ラテン語やサクソン語などさまざまな言葉が混ざってできているといわれる。つづりと発音にあまり規則性がないのも、あちこちの言葉が混交しているからだ、とされている。

また、イギリス英語はアメリカ英語と比べて、フランス語の取り入れ率がかなり高い。例えば「茄子」は、アメリカでは「エッグ・プラント」と呼ばれるのに対して、イギリスでは「オーベルジーン」とフランス語で呼び習わされている。日本でもすっかりおなじみになった野菜の「ズッキーニ」は、アメリカをはじめ世界中での呼称になっているが、イギリスではやはりフランス語の「コジェット」が採用されている。

言語に残った、英仏の愛憎半ばする関係

イギリスとフランスはご存知の通り、長年にわたるライバルだ。イギリス王室は、ことあるごとに王室の起源を「ウィリアム征服王（ウィリアム・ザ・コンカー）が我が国

の国土を踏んで以来……」という表現を用いる。王室の開祖、というわけだ。

このウィリアム征服王とは、実はフランス王の臣下でもあった。ウィリアム一世の宮廷ではノルマンディーなまりのフランス語が話されていたというが、時代とともに現地の言葉と融合し、今の英語が形成されていったといわれている。

さて、フランス語の置き土産で、誰にでもわかりやすいのは食べ物だろう。「イギリス料理レストランというのはほとんど見ない」といわれるほど、イギリスは料理にかけてはストイックなお国柄。対するフランスは世界に冠たる美食の国。フランス料理は世界三大料理のひとつになっている。

英語の「食肉」関連の語は、ほぼフランス語が由来だ。牛は英語では「カウ」「オックス」だが、牛肉は「ビーフ」で、フランス語の牛「ｂｏｅｕｆ」が語源。同じく豚は「ピッグ」で、豚肉になると「ポーク」。これはフランス語の豚の「ｐｏｒｃ」から、また羊は「シープ」だが、羊肉の「マトン」はフランス語の羊「ｍｏｕｔｏｎ」から来ている。

最近、イギリスのＥＵ離脱という劇的な決定がなされたが、政治はさておき、歴史的に、イギリスがいかにフランスの文化と深い関係を持っているかがわかるだろう。

第5章

噂の宝庫!? 芸能・スポーツネタの嘘

本当のような嘘 48

「アップル・コンピュータ」の社名はビートルズからプレゼントされたもの！

アップル・コンピュータ（現在の社名はアップル・インコーポレイテッド）の創立者といえば、ご存知の通り、故・スティーブ・ジョブズとスティーブ・ウォズニアック。１９７０年、米カリフォルニア大学バークレー校で学生同士として出会った２人は、「アップル Ⅰ」を製作し、６６６・66ドルで売り出した。その後のジョブズの成功と挫折、カリスマ再びのストーリーは広く知られているところだ。

同社のロゴのリンゴは右側が欠けている。これは「ｂｉｔｅ（かじる）」と「ｂｙｔｅ（コンピュータの情報量の単位）」の同じ発音をかけたものだそうだが、それはさておき。

昭和に青春を過ごした世代であれば、「アップル」といえばイコール「ビートルズ」。

懐かしのレコード時代、ビートルズの多くのLP盤の中心に描かれていた青リンゴのイラストをご記憶の方も多いのではないだろうか。

スティーブ・ジョブズも若い頃から、「ビートルズの大ファン」と公言していたゆえに、時代の寵児となったジョブズに、ビートルズが「アップル」の使用権をプレゼントしたという話が伝えられている。

本当　社名「アップル」の本当の由来

そこで「アップル・コンピュータ」を会社として登記する際に、なぜ「アップル」の名称が選ばれたかについて調べてみたところ、いくつかの説が見つかった。

理由その1。スティーブ・ジョブズの親しい友人にリンゴ園の息子がいて、ジョブズがよくそこに行って休暇を一緒に過ごしていたことから。スティーブ・ジョブズは非常にクセのあるキャラクターの持ち主で、「ジョブズと会った相手は、彼をすごく気に入るか、二度と見たくないかのどちらかだ」といわれていたほどである。リンゴ園の息子とジョブズは、よっぽど気が合ったに違いない。

次の理由。ジョブズは1974年に「アタリ」という会社の下級エンジニアとして採用され、コンピュータゲームの開発に携わっていたが、彼はその会社を毛嫌いしていたので、電話帳で「アタリ」よりも先に記載される会社名を登記して、溜飲を下げたかった、というもの。しかし、これはAで始まる社名を採用した理由にしかならない。

決定的な理由とされているのは、前述の通り、スティーブ・ジョブズがビートルズの大ファンだったことだ。ビートルズが「アップル・コープス」というレコード会社をイギリスで設立していたことを、ジョブズたちはもちろん知っていたし、同じ名前を新会社につければ、いずれ問題になるかもしれないと、うすうす感じてもいた。

しかし自分たちの設立した会社が、のちに世界中から脚光を浴びることになるなど想像もしなかった彼らは「まあ、とりあえずアップルでいいよ。なるようになるさ」と考えたようだ。そして1976年、アップル・コンピュータが設立された。

しかし、時代の波に乗った「アップル」は、売上を順調に伸ばし、その知名度を上げていった。もはや、イギリスの本家から目をつけられるのは時間の問題だった。

1978年、イギリスのアップル・コープスはアメリカのアップル・コンピュータに対し、「商標を侵害した」としてイギリスの法廷で訴訟を起こす。そして1981年、アップル・コープス側が勝訴。裁判所はジョブズらに対し、8万ドル（約1000万円）の罰金の支払いと、「音楽業界への進出はしない」という誓約書の提出を命じて、一応の和解に至った。

逆ライセンスに落ち着いた「アップル」裁判

しかし、コンピュータを筆頭格とするIT業界は、旧来の常識では測れない無限の可能性を秘めていた。コンピュータにCDドライブなどの新機能がついていくのを見て、業を煮やした本家アップルは「音楽業界への進出は協定違反」として再び提訴。およそ2650万ドル（約300億円）の支払いを勝ち取った。だが後年になって、「音楽の配信は本当の意味での音楽業界への進出には当たらない」として、判決を部分的に覆されるなど二転三転、両社の関係は泥沼化し始めた。

ところが2007年になって、事態は急展開する。社名を「アップル・インコーポレイテッド」と変更したアップル・コンピュータが、「アップル名」とリンゴの商標すべての権利を取得。イギリスのアップル・コープスに対して「逆ライセンス供与」をするということで、最終的な決着がついたのだ。

スティーブ・ジョブズはこの判決に際して、「ビートルズファンである自分たちにとって、長年の係争はいたたまれないものだった。決着がついて嬉しい」と語り、ビートルズ側からも「アップル社の今後の発展を心から祈りたい」というコメントが出された。約30年の歳月を経て、「雨降って地、固まる」結末を迎えたのだ。めでたしめでたし。「アップル」の社名は、ファンだったスティーブ・ジョブズにビートルズから贈られたものではないが、結果的にはそれに近い結末になったといっていいだろう。

そして2010年に、アイチューンズ・ストアにて、ビートルズの楽曲の配信が開始された。2011年10月、スティーブ・ジョブズ逝去。享年56。

本当のような

ヤクルトの前身チーム・国鉄スワローズは「混んどるズ」をやめて「座ろうズ」にした

１９２０年に始まった日本のプロ野球。その長い歴史の中で多くの球団が生まれては消えていった。そして各球団のチーム名もさまざまな変遷を経てきたのである。

例えば、戦前の１９３６年に発足した中日ドラゴンズは、「名古屋軍」に始まり、「産業軍」、「中部日本軍」、「中日ドラゴンズ」、「名古屋ドラゴンズ」、再び「中日ドラゴンズ」と名前を変えた。チーム名には当時の時代背景が反映されていて、「産業軍」は戦時中である１９４４年の名前であり、娯楽が禁止されていた世相がうかがえる。ちなみに産業軍の選手は全員、理研工業の社員となってチームを維持したという。

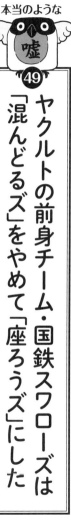

プロ野球のチーム名は、その由来にも興味深いものがある。

「東京ヤクルトスワローズ」は１９５０年に発足し、「国鉄スワローズ」、「サンケイスワローズ」、「サンケイアトムズ」、「ヤクルトアトムズ」、「ヤクルトスワローズ」、「東京スワローズ」と目まぐるしく名前を変えているが、一時期「アトムズ」となった以外は、一貫して「スワローズ」である。

では、スワローズの由来は？　「スワロー」が日本語の「つばめ」であることは、球団のマスコットのつば九郎などからもおなじみだが、実はスワローズという名前自体はダジャレが元なのである。

もともとは「国鉄コンドルズ」と命名される予定だったが、「コンドル」では読んだ時の音が「混んどる」と同じになり、窮屈な満員電車を連想させてイメージが悪いということで、「座ろう」と響きが同じ「スワロー」の「スワローズ」にしたというのである。

本当　球団名「スワローズ」の由来は特急列車の名前

このもっともらしい説明は、実は漫才が元ネタの都市伝説だといわれている。当時の国鉄東海道本線の花形列車だった「特急つばめ号」が、本当の名前の由来である。

だが、チーム設立時の新聞記事によると、主に国鉄職員からの公募で総数8315も集まったチーム名の候補の中には、ファルコン（隼）、ホイスル（汽笛）、ジョーカー（道化師）、ゴースト（幽霊）といったものに混じって、コンドルもあったのだという。

当時のセ・リーグ会長、安田庄司ら選考委員が「コンドルは〝混んどる〟につながる。〝座ろう〟のほうがいい」と冗談のような議論を交わしたとも報じられている。

「国鉄コンドルズになるはずだった」というのは嘘だが、コンドルも候補のひとつだったので、国鉄コンドルズになっていた可能性はゼロではない。

都市伝説の元になったネタを披露した漫才師も、選考時の冗談を知っていて、それを元にネタを作ったのかもしれない。

もしコンドルズになっていたら、ツバメ軍団ならぬコンドル軍団で、マスコットの「つば九郎」も「こんど郎」になっていたかもしれない⁉

本当のような嘘 50

ベースボールを「野球」と名づけたのは、俳人の正岡子規である

鎖国が終わり、さまざまな西洋文化が流入してきた明治時代。海外の国で使われている未知の言葉が、続々と日本語に翻訳されていった。

『学問のすゝめ』で知られる福沢諭吉は、日本にいち早く西洋文化を伝えたことでも知られるが、数多くの英語を日本語に置き換えた人物でもあった。例えば「エコノミー」を「経済」、「コピーライト」を「版権」、「ポストオフィス」を「飛脚場」などと翻訳したのは福沢であるとされている（福沢ではないとする異説もある）。

西洋からやってきたのは、社会に関わる概念だけではない。それまで日本には仏教用語としての「愛」はあったが、「アイ・ラブ・ユー」の「ラブ」を指す言葉はなかった。

この「ラブ」を「愛」と表現したのは『浮雲』で有名な作家、二葉亭四迷であるという。

各種スポーツも日本に輸入されてきた。野球もそのひとつ。1871年(明治4年)に、アメリカ人教師のホーレス・ウィルソンが、現在の東京大学である南校で、英語の授業の合間に生徒たちに野球を教えた。これが日本における野球の始まりとされている。

以後、農科大学（のちの東京大学農学部）、明治学院大学、東京英和学校（のちの青山学院大学）、慶應義塾大学、第三高等学校（のちの京都大学総合人間学部）などでも生徒が野球を始め、野球は日本全国に広まっていった。

その際に「ベースボール」を「野球」と翻訳したのは、俳句「柿くへば鐘が鳴るなり法隆寺」でおなじみの俳人、正岡子規といわれている。

本当　正岡子規の「野球」は彼のペンネームだった

実際には、その名もずばり『野球』という日本初の野球専門書を書いたこともある中《ちゅう》馬庚《まんかなえ》が「野球」という言葉の生みの親である。

東京大学教養学部の前身・第一高等中学校で野球選手だった中馬は、1894年（明治27年）に第一高等中学校の校友会雑誌にベースボール部史を書くことを依頼される。それまでベースボールには「底球」という訳語が使われることもあったが、テニスの「庭球」と読み方が同じでまぎらわしいということもあって、中馬は部史のタイトルを「野球部史」として、ベースボールの訳語に「野球」という言葉を当てたのだ。

では、なぜ子規が訳者という誤解が広まったのだろうか？

実は「野球」という言葉自体は、子規のほうが中馬より先に使っているのだ。ただし、子規の「野球」はベースボールを指す言葉ではなく、彼のペンネームだった。子規は幼名の「升《のぼる》」にちなんで、「のボール」と読ませる「野球」「能球」というペンネームを中馬の翻訳より5年早い1889年（明治22年）頃に使っている。

また、子規が野球の熱心な選手であったことも、誤解に拍車をかけているのだろう。子規は中馬の3歳年上で、同じ第一高等中学校のベースボール部に所属していた。結核で血を吐いて野球をやめるまでは、名キャッチャーとして活躍し、野球のユニフォーム姿の写真も残している。

多くの野球用語を正岡子規が発明した

子規と中馬が一緒に野球をプレーしたかどうかはわからないのだが、中馬は子規の存在は知っていたことだろう。ひょっとすると、中馬は子規のペンネーム「野球」に影響されて、ベースボールを「野球」と訳したのかもしれない。

なお、子規は1896年（明治29年）に書いたエッセイ『松蘿《しょうら》玉液《ぎょくえき》』の中で、「打者」「走者」「直球」「死球」「飛球」などのオリジナルの訳語を使って野球のルールを紹介している。ベースボールの翻訳である「野球」の生みの親ではないものの、それ以外の野球用語をたくさん作り出しているのだ。

こうした実績が讃えられて、中馬庚は1970年に、正岡子規は2002年に、両者とも野球殿堂入りしている。

本当のような嘘 51

相撲の「年寄名跡」は105と定数が決まっており、増減はない

国技館ほか神聖な土俵の上で、力強くかつ華やかな取り組みを繰り広げる大相撲。「相撲は日本の国技」というのも〝本当のような嘘〟だが、それはさておき。

力士になるためには、新弟子検査で身長・体重などの基準を満たす必要がある。合格すれば、序の口から相撲を取りはじめ、勝てば序二段、三段目、幕下と上がっていく。給料が出るのは十両以上で、ボーナスも出る。横綱で月額約２８０万円、大関２３５万円、三役１７０万円、平幕１３０万円、十両１００万円（いずれも推定）とかなりの高収入。その他、本場所手当や褒賞金、懸賞金や殊勲・技能・敢闘の三賞賞金など、さまざまな手当がもらえるのだ。

とはいえ、力士は体ひとつが資本。20代でピークを迎え、30代中盤〜後半で引退、と

いうのが平均的なパターン。一般人から見ればまだまだ働き盛りなのに、引退後は「年寄」となってしまうのである。いや、「年寄」になれる人は恵まれているほうで、全員が年寄になれるわけではない。年寄とは「年寄名跡」、通称「年寄株」を持って、日本相撲協会から給料をもらえる身分の元力士。年寄株がなかったら、相撲協会を離れて、ちゃんこ鍋屋など別の仕事に就かなければならない。

さて、「九重」「二子山」「伊勢の海」などといった年寄名跡は、現在105と決まっている。これは1903年（明治36年）に年寄が定員制になり、1927年（昭和2年）に江戸（東京）相撲と大坂（大阪）相撲が合併、定数が105になったため。力士以外で日本相撲協会に所属する職員や理事は、総勢105名が基本なのだ。

言い方を変えれば、年寄株を入手できなかったら、相撲協会に残れないのである。年寄株は店で売っているものではない。力士時代に、親方のつてや人脈の助けを借りながら、仲間内の売買という形で購入するのが一般的。しかし問題は「年寄株の不透明な価格」である。運がよければ数千万円で購入できることもあるが、足下を見られて3億円という値段で買ったケースもある。しかし、実はタダで「年寄」になる方法があるのだ。

本当 一代年寄でプラスαの年寄がいる時期もある

特別の功績があったと認められる横綱に、「一代年寄」という厚遇がある。1969年引退の大鵬《たいほう》が最初で、一代に限ってしこ名を名跡とし、その名跡で部屋を開くことができる。一代年寄はその名の通り一代限りで、本人が亡くなったり、仕事を継続できなくなったりすれば消滅する。

一代年寄に推挙される基準は「横綱としての功績が顕著」「優勝20回以上」「日本国籍を有する」といったもの。大鵬以下、これまでの一代年寄には北の湖敏満、千代の富士貢、貴乃花光司がいる。しかし千代の富士は、将来的に九重部屋を継承する話が師匠とついていたため「部屋の名前は末永く続くものにしたい」と辞退し、のちに九重親方となって九重部屋を継承したが、今年（2016年）7月、61歳の若さで惜しくも逝去。

そんなわけで、現在は年寄の名跡は貴乃花を入れると、実質106ということになる。

本当のような嘘 52

オリンピックで優勝者に授与される金メダルは、純金でできている!

1988年に開催されたオリンピックのソウル大会。オーストラリアのダンカン・ジョン・アームストロング選手は、水泳男子200メートル自由形で優勝。彼が五輪史上において、最初に表彰式で金メダルを噛んだ人物だと伝えられている。

なぜ、彼は噛んだのだろうか。本物の金か確かめるためだったのだろうか。

本当　金メダルの中の金の成分量は定められている!

近代オリンピックの歴史をひもといていくと、優勝メダル自体は1896年の第1回アテネ大会からあった。しかし、開催国ギリシャの財政事情などから、1位には銀メダル、2位には銅メダルが贈られたという。ギリシャは昔から貧乏だったのか。
金メダルの登場は、1900年の第2回パリ大会から。でも、3位以内の入賞者にメダルが授与されたのは陸上競技のみ。しかも、メダルが選手の元に届いたのは、2年後のことだったとか。金メダルの材質については、第5回ストックホルム大会（1912年）までは、すべて金で作られていたという。純金メダルはさぞかし重かっただろう。

現在のメダルについては、オリンピック憲章で「メダルは、少なくとも直径60ミリ、厚さ3ミリでなければならない。1位および2位のメダルは銀製で、少なくとも純度1000分の925であるものでなければならない。また、1位のメダルは少なくとも6グラムの純金で金張り（またはメッキ）がほどこされていなければならない」と規定されている。つまり、現在の金メダルは純金製ではない。
これは各国の経済事情を考慮した結果らしい。オリンピックのメダルを用意するのは開催国。だから、貧しい国でも制作しやすい基準が決められたのだ。ただし、この規定は最低基準であり、実際のメダルの大きさや重さ、成分比率は大会ごとに異なる。

その価値はやはり気になるところ。アメリカの新聞社が当時の金属の市場価格をもとにソチオリンピックのメダルを算定した値段を見てみよう。金メダルが約550ドル、銀メダルが約310ドル、銅メダルが3・25ドル。1ドル100円で計算してみると、金メダルで5万5000円、銅メダルにおいては325円という意外な安さだ。

また、メダルはよくインターネット・オークションなどでも取引されている。レプリカは安いが、本物には数千ドル単位の値がつけられているようだ。

冬季オリンピックのメダルは個性的

メダルは開催国が趣向を凝らして制作しており、とりわけ冬季オリンピックは個性的なデザインのものが多い。長野大会（1998年）のメダルには、日本らしく木曽漆器の技術が用いられていた。バンクーバー大会（2010年）のメダルは、1枚ずつデザインが異なり、すべてのメダルをつなぎ合わせると大きな1枚の大きな絵になるという！　オリンピックには、メダルだけでもいろいろな歴史あり、だ。

本当のような嘘 53

ラグビーはサッカーの反則から生まれたスポーツである

古くからあるスポーツの起源には、興味深いものが多い。

例えば、網のついたスティックを使う球技ラクロス。これは北米のネイティブ・アメリカンたちが、神に奉納した儀式や、部族間の争いを平和裡に解決するために開催された格闘技が元になっている。

また、「カバディ、カバディ」と口にしながら行なうインドのチームスポーツ・カバディは、大昔のインドで武器を使わずに、集団で獣を囲んで捕まえる狩猟方法をその原型としている。

世界的な人気スポーツであるサッカーは、起源がはっきりとしていない。一説には、8世紀のイギリスにそのルーツがあるといわれている。

当時のイギリスでは戦争に勝つと敵の将軍の首を切り落とし、それを蹴って勝利を祝っていた。この風習が首ではなくボールを蹴って行なう遊びとして大衆の間で定着した。この遊びは祭りの時に開催され、王妃が城からボールを投げ、民衆は隣町の門を目指してそのボールを蹴り合ったという説がある。

そして、そのサッカーから生まれたのがラグビーである。

1823年、イギリスの学校でウィリアム・ウェッブ・エリスという少年がサッカーの試合中にルールを勘違いしてボールを手でつかみ、そのままゴールを目指して走り出したことから、ラグビーという競技が生まれた。エリスの通っていた学校の名前は「ラグビー校」であり、競技名の由来にもなっている。

本当　ラグビーは「原始フットボール」から生まれた

イギリス中部の都市ラグビーにあるラグビー校が、ラグビー発祥の地というのは広く知られていることだ。ただ、この説にはいくつかの嘘が混じっている。

まず、当時エリスがやっていたのは「フットボール」である。このフットボールとサッカーは、今でこそイギリスとアメリカでの呼称の違いと認識されているが、エリスの時代のフットボールとは「原始フットボール」とでもいうべきもので、現代のサッカーとはまた違う競技であった。

また、当時のフットボールは学校ごとに独自のルールがあり、ラグビー校のフットボールのルールでもボールを手で持つこと自体は許されていた。エリスの犯した反則とは、ボールを持って走った行為を指しているのだ。

つまり、エリスのプレーがラグビーの起源だったとしても、「サッカーの試合中に、手でボールを持ったことからラグビーが生まれた」とするのは、間違いなのだ。

なお、1895年にラグビー校のOBが調査したものの、ボールを持って走った最初の人物がエリスであることを示す証拠は見つからなかったので、このエピソードは「エリス神話」「エリス伝説」と呼ばれている。

本当のような嘘 54

ムンクの名画『叫び』に描かれている人物は、何かを叫んでいる

人間の不安な感情を見事に描いたエドヴァルド・ムンクの名作『叫び』。

ムンクは19～20世紀のノルウェーの画家で、同国の紙幣、1000ノルウェー・クローネに肖像画が描かれるほどの国民的巨匠である。彼は「愛」「死」「不安」をテーマに作品を描いたが、『叫び』は当然ながら「不安」がテーマとなっている。

これほどまでに『叫び』の知名度が高い理由は、何よりもその絵が持つ強いインパクトにあるだろう。

『叫び』という、それ自体が印象的な題名通り、橋の上に立った人物がこちらを向いて叫んでいる。おのれの悲痛な叫び声を聞かないようにしているのか、両手で両耳をふさいでいる。絵の中の人物の絶望がひしひしと伝わってくるではないか。

本当 叫んでいるのは周囲の環境だった

ムンクが、当初考えていた絵のタイトルは『自然の叫び』だった。ムンクはこの作品を描くに至った体験について、詩の形式をとってこう書いている。

「私は2人の友人と道を歩いていた。太陽は沈もうとしていた。突然、空の色が血のような赤に変わった。私は疲れきって立ち止まり、フェンスにもたれかかった。そこには血と、青黒いフィヨルドや町の上で燃える炎の舌があった。友人たちは歩いたが、私は不安で震えて立ち止まり続けた。そして周囲からの果てしない叫び声を聞いた」

つまり、叫んでいるのは人物ではなく、周囲の環境なのだ。絵の中の人物は自分の声に対してではなく、まわりからの叫びに恐れおののいて耳をふさいでいるのだ。

絵の舞台となる橋は、ムンクの妹が入院していた精神病院近くの橋といわれる。絵を描いた当時、ムンクは失恋のせいで深く絶望していて、自身の精神疾患が悪化することも恐れていた。こうした事情も絵の絶望感を深くしているのだろう。

なお、『叫び』は1バージョンだけでなく、複数存在する。1893年に油絵とクレヨンで2つのバージョンで描き、1895年にはパステルで描き、1910年にはテンペラで描いている。我々が「叫び」と聞いて頭に思い浮かべるのは、この中のうちの油絵バージョンである。

その高い人気ゆえ、『叫び』は1994年と2004年の2回、盗難に遭っている。

あらゆるものを賭けの対象にすることで有名な、英国ロンドンのブックメーカーで、当時唯一の個人蔵であったパステル画の『叫び』が、2012年5月のサザビーズのオークション前に盗まれるかどうかの賭けが行なわれたことがあった。その際、「また盗まれる」側のオッズは20倍だったという。

本当のような嘘 55

ゲランの香水「ミツコ」のモデルは、実在の日本人伯爵夫人だった！

男性諸氏にとって、女性の香水の話はちと近寄りがたい？　どんな香水を知っているかと聞かれたら、せいぜいマリリン・モンローの代名詞「シャネル NO.5」あたりが一般的なのではないだろうか。「眠る時は何を着て寝ますか？」の質問に「シャネルの5番をまとって眠るの」という、彼女の名コメントは今でも語り継がれている。

ただ、ゲランという香水会社の作る「ミツコ」のことは、耳にした方もおられるのではないだろうか。同社の創業者ジャック・ゲランは香水の本場といっても過言ではないフランスのパリで、初めて近代型の香水を販売し始めた人物で、数々のヒット商品を手がけている。中でもひときわ輝きを放っているのが、人気香水の「ミツコ」だ。

香水の名前になった日本人女性には、どんな物語が隠されているのか。

19世紀初頭のフランスではまだ、風呂に入ることに強い偏見があり（風呂に入ると梅毒になる、という迷信がまことしやかにささやかれていた）、貴族ですら一生に3回しか入らなかった、という記録が残るほどの体臭国家だった。臭いものにはふた、ではなく臭いものには香水を、というのがお金持ちの考え方。ゲランはそこに目をつけた。

香水は、花はもちろんのこと、ハーブ、果実、植物の根っこ、動物の分泌物にいたるまで、ありとあらゆる香りの原料を抽出して混ぜて作られる。素晴らしい香りができあがると、ゲランはそれにロマンチックな名前をつけて売り出した。彼が幸運だったのは、ヨーロッパの王族や貴族たちに愛用されたことだろう。

19世紀末には、ゲラン一族はフランスでは、押しも押されもせぬナンバーワン高級香水商にのし上がっていたのだった。

一方、19世紀末の東京・牛込で骨董店を営む両親と暮らしていた青山みつは、偶然通りかかったオーストリア＝ハンガリー帝国の駐日大使クーデンホーフ伯爵に見初められ、大使公邸に奉公に出ているうちに恋愛関係となり、カトリックの教会で結婚、ミツコと改名したのである。ちなみにミツコの結婚で東京市に出された婚姻届けは、現在正式に残る、わが国で最初の国際結婚届とのこと。

オーストリア＝ハンガリー帝国を代表する名家に嫁いだミツコは、ヨーロッパの社交界でミツコ・クーデンホーフ・カレルギー伯爵夫人として、さぞ人気者になったことだろう。国際結婚から生まれたミツコの次男リヒャルトは、汎ヨーロッパ主義を唱え、後年、「ＥＵの父」と讃えられる人物となった。

「ミツコ」発売の１９１９年当時、ヨーロッパは日本ブームの真っただ中にあった。極東文化の流行もあったが、何といっても大きかったのは、大ヒット小説『ラ・バタイユ』（日本語訳『戦闘』）のヒロイン、ミツコの人気だった。それはフランス人作家のファレールが書いた情熱的な恋愛小説で、主人公ミツコは日露戦争で名誉の戦死を遂げた海軍総督の若妻。彼女の不倫物語が物議を醸し、本は売れに売れた。

極東の文化が人々を魅了していた時代、ジャック・ゲランは新しく創作した香りに「ミツコ」と名づけた。

周囲はその名前がどこからとったものか、ゲランから聞き出そうとした。「ラ・バタイユのミツコだ」「いや伯爵夫人のミツコだ」と、下馬評は盛り上がる一方だった。

本当　香水の名前はベストセラー小説のヒロインから

当時のゲラン社の発表によると、「この香水のネーミングは、小説『ラ・バタイユ』のヒロインの名からとりました。慎ましやかでありながら、強い意志を秘めた女性をイメージした香りです」とある。旧姓・青山みつがモデルじゃなくて、なんとなく残念だ。

確かに「ミツコ」は日本人女性が持つ、しとやかさの中にある芯の強さや情熱、しっとりとした色香などがうまく表現された香水だ。日本人の肌にも合い、和装にも似合うエレガントな香水と評価が高く、日本でもよく売れているという。

本当のような嘘 56

遠山の金さんは、時代劇と同じように桜吹雪を見せ、長いハカマで判決を下した

人気テレビ時代劇のひとつである『遠山の金さん』。これまで杉良太郎、高橋英樹、松方弘樹、松平健などなどと豪華な役者陣が、ご存知〝長屋の金さん〟を演じてきた。

主人公の江戸町奉行、遠山金四郎景元が難事件を解決する人気ドラマであり、ストーリーの展開には、お約束のパターンがある。事件が発生すると、遠山景元は「遊び人の金さん」として正体を隠して潜入捜査を行なう。

事件の真相を突き止めた遠山景元は、金さんとして悪人のところに乗りこんで戦う。この時に金さんが自分の桜の入れ墨を見せて「この桜吹雪、散らせるものなら散らしてみろい！」と啖呵《たんか》を切るのも見せ場のひとつだ。

捕まった悪人は裁きの場である〝お白洲〟に引き立てられる。ここで町奉行として遠

山景元が悪人たちの前に現れる（もちろん悪人や被害者は、遠山景元が遊び人の金さんと同一人物とは気づいていない）。往生際の悪い悪人は自分の罪を認めようとしないが、遠山景元が「この桜吹雪に見覚えがねえとはいわせねえぜ！」と桜の入れ墨を見せる。ここで悪人も被害者も遊び人の金さんの正体に気づき、悪人は「恐れ入りました‼」と観念し、これにて一件落着。

以上が、『遠山の金さん』の基本的なストーリー展開である。

ストーリーは勧善懲悪そのものの昔ながらの時代劇だから、一見リアリティがなさそうだが、金さんのモデルとなった遠山景元は実在した人物。今でいうところの裁判官、都知事、警視総監のような役職である江戸町奉行を本当に務めていた。

つまり、『遠山の金さん』のお白洲シーンは実際にあったものなのだ。

本当 着ているハカマもお白洲の造りも実際とは違う

実際には、時代劇で描かれるお白洲は、歴史上の本物と違う点がいくつもある。

ドラマのお白洲での金さんといえば、引きずるような長いハカマがトレードマークである。だが、ああいった長いハカマは礼装であり、江戸城で催される式典で着るもの。公務中の金さんが着るものとしてはふさわしくない。

ではなぜ、お白洲の金さんが長いハカマを身に着けるかといえば、見得を切って足を前に出す時の見栄えがいいからだ。背中の派手な入れ墨、「桜吹雪」も奉行としてはあり得ないものだが、実在の遠山景元は若い頃に侠気の徒と遊んでいた時期があったともいわれ、その時に出来心でちょこっと彫った可能性は否定できないとか。

また、ドラマの中ではお白洲に降りるための数段の短い階段が設置されているが、実際には階段はなかった。これは歌舞伎の舞台装置から来たもので、階段を作ることで足を踏み出して見得を切れるようにしているのだ。

なお、お白洲で金さんが「打ち首獄門」などと判決を告げるが、実際には死刑などの重い刑罰を課すためには老中の許可が必要だった。その場で「打ち首獄門！」と金さんが悪人に引導を渡すと、視聴者はスカッとしてカタルシスを味わえるが、あくまでドラマの中のお約束なのだ。

本当のような嘘

57

『巨人の星』の父・星一徹は、丸いちゃぶ台を毎晩のようにひっくり返した

食事中のちゃぶ台をひっくり返して、周囲に怒りをぶちまける。ちゃぶ台に並べられたせっかくの手料理はぐちゃぐちゃ、食器が床に散乱するのもお構いなし。『巨人の星』の主人公星飛雄馬の父、一徹が激怒した時のお決まりのワンシーン。まさに頑固一徹。

息子の飛雄馬は、父の命令で大リーグボール養成ギプスを装着させられ、誰にも見せてはいけないと厳命されていた。しかし、そのギプスのせいで飛雄馬は、黒板に書く字が汚くなるし、体育の成績も散々なもの。不良小学生の赤川に「飲んだくれの親父のせいで、飯を食っていないないだろう」と誤解され、飛雄馬は思わず父の命令を破ってギプスを見せてしまう。

星一家の団らん中、訪れた赤川はギプスのことを暴露。息子の裏切りを知った一徹は、

怒りに体中が熱くなり、食事中のちゃぶ台を力任せにひっくり返し、飛雄馬を叱りつけたのだった……。

本当 星一家のちゃぶ台は、四角だった

「ちゃぶ台返し」といえば、星一徹。星一徹といえば、「ちゃぶ台返し」。『巨人の星』を見たことのない人でも、それくらい知っている。というほどに、このイメージは定着している。毎晩、星一徹は飛雄馬を怒鳴りつけ、ちゃぶ台をひっくり返していた、と思われているくらいに。

ところが、梶原一騎原作のマンガでは、該当シーンはたったの1回しか出てこない。そのうえ、先に結論を述べてしまうと、一徹はちゃぶ台をひっくり返してない。

赤川によって飛雄馬の裏切りを知った一徹は、飛雄馬を叱りつけた。その怒りの勢いがあまって、食事中のちゃぶ台は傾き、食器が落ちそうになっている。ひっくり返っているかどうかはわからない。しかも、星家の食卓は四角いテーブルなのだ！

このイメージの誤解は、どこから生まれたのだろうか。マンガではなくアニメのエンディングで、一徹はちゃぶ台をひっくり返している。おそらく、このシーンが何度も毎週のように繰り返されたため、「ちゃぶ台返し」＝星一徹＝頑固オヤジの必殺技、という刷り込みができ上がったのだろう。

❗「ちゃぶ台返し」の名人がほかにもいた

ホームドラマの名作、『寺内貫太郎一家』の主人である貫太郎（＝小林亜星）こそ、「ちゃぶ台返し」の名人といっても過言ではない。貫太郎は食卓をひっくり返すだけではない。息子（＝西城秀樹）と取っ組み合いのケンカもする武闘派おやじだった。

この「ちゃぶ台返し」、なんと慣用表現としても認知されている。意味合いとしては、トップが強権を駆使して、企画などをご破算にしてやり直させること。理不尽な上司を指す隠語となっているようだ。あなたは、部下の作った企画書を「くだらない」と無下に一蹴していないだろうか？　もしかしたら、陰で星一徹と呼ばれているかもしれない。

本当のような嘘 58

フランケンシュタインとは怪物（モンスター）のことである

映画やマンガ、アニメなどに登場する怪物。日本の怪物といえば『妖怪ウォッチ』や『ゲゲゲの鬼太郎』などでおなじみのカッパやテングなどの妖怪だが、西洋だと吸血鬼、狼男、フランケンシュタインなどが定番だろうか。

『忍者ハットリくん』『笑ゥせぇるすまん』などで知られる藤子不二雄Ａの人気作『怪物くん』は、怪物ランドという怪物ばかりが住んでいる世界から人間の世界にやってきた怪物くんとその随伴者が活躍するギャグマンガ。怪物くんのお供は吸血鬼ドラキュラ、狼男、人造人間フランケンだった。作者の藤子不二雄Ａが吸血鬼、狼男、フランケンシュタインを選んだのは、１９３０～70年代に制作された古典的なホラー映画では、この三者が人気キャラクターだったからだろう。

フランケンシュタインは、見た目は恐ろしいが内面は純粋無垢、でもいったん怒ると手がつけられないほどの大暴れをする怪力の大男という人物造形。これが後世の作品にも大きな影響を与えた。多くのヒーローが活躍する映画『アベンジャーズ』に登場する緑色の怪力大男ハルクも、フランケンシュタインに影響されているといわれる。

大男の怪力人造人間というモンスターは、それだけ魅力的なのだ。

本当　怪物を作った科学者の名がフランケンシュタイン博士

フランケンシュタインが初めて登場したのは、メアリー・シェリーの1818年の小説『フランケンシュタイン』。1931年には同小説を原作とした映画『フランケンシュタイン』も公開された。これらが、のちのちの世に大きな影響を与えたのは事実だが、同時に大きな誤解も生んだ。

フランケンシュタインは怪物の名前ではなく、怪物である人造人間を作り上げた科学者の名前なのだ（小説ではヴィクター・フランケンシュタイン、映画ではヘンリー・フランケンシュタイン)。

では、なぜ怪物の名前がフランケンシュタイン、という誤解が広まったのか?

大きな理由のひとつは、科学者フランケンシュタインが作り上げた人造人間に名前がなかったからだ。人造人間に何らかの名前がつけてあれば、その名前が有名になる可能性もあったのに、残念ながら名無しだったのだ。

そのうえ、作品に登場する人造人間のインパクトがあまりにも強かった。そのせいで『フランケンシュタイン』といえばあの大男の人造人間」という形でイメージが結びつき、人造人間の名前が「フランケンシュタイン」と誤解されるようになった。

この誤解は日本だけでなく海外でも根深く、フランケンシュタインの母国イギリスの辞書『オックスフォード英語辞典』でも、誤用の例が紹介されているほどだ。

本当のような嘘 59

ジェイソンはチェーンソーを使って、夜な夜な殺人を繰り返した

何作も続編が作られ、シリーズ化に成功するホラー映画には、主人公たちを恐怖のどん底に叩き落とす強烈な敵キャラが不可欠である。

最近の日本のホラーであれば、『リング』シリーズの呪いのビデオから登場する黒髪の貞子、呪われた家に入った人間を誰であろうと問答無用で殺す『呪怨』シリーズの伽椰子などがいる。

洋画では、『エルム街の悪夢』シリーズのフレディや『13日の金曜日』シリーズのジェイソンが代表的な存在。フレディは夢の中に登場して鉄のカギ爪で人々を切り刻んで惨殺する。ジェイソンはホッケーマスクをかぶった殺人鬼。チェーンソーを使ってキャンプ場や繁華街で人々を次々に血祭りに上げる。

本当 ジェイソンがチェーンソーを使ったことはない

よほどのホラー映画好きでないと、前述の説明文に紛れ込んでいた嘘に気づかなかったかもしれない。

ジェイソンといえば、ホッケーマスクをかぶってチェーンソーを持った殺人鬼をついイメージするが、彼が使用する武器はチェーンソーではない。ジェイソンが使うのはナタ、斧、アイスピックなどである。芝刈り機や水中銃などを含め、バラエティに富んだ武器を使いこなすジェイソンだが、チェーンソーを使ったことはない。では、なぜ「ジェイソンといえばチェーンソー」というイメージが固定されてしまったのだろうか？

理由のひとつとしては、パロディ作品の影響が考えられる。『13日の金曜日』がヒットしたことで、ジェイソンのような殺人鬼が登場する映画が数多く作られたが、その中で殺人鬼がチェーンソーを使って人を殺す作品がある。そこから人々にジェイソン＝チェーンソーという刷り込みが行なわれた可能性も高い。

ホラー映画『悪魔のいけにえ』と混同されたのではないかという説もある。『悪魔のいけにえ』も『13日の金曜日』と同じくシリーズ化したホラー映画だが、同作に登場する悪役レザーフェイスは、仮面をかぶってチェーンソーで人を襲うキャラクターである。レザーフェイスとジェイソンは、「マスク着用」「怪物じみた巨漢」などの共通点があり、混同されてしまったものと思われる。だからジェイソンがチェーンソーを使って人々を襲うという誤解が定着したのかもしれない。

嘘のような本当の話❹

『アンパンマン』のジャムおじさんとバタコさんは妖精

昔も今も、子どもたちに絶大な人気を誇る国民的キャラクターのアンパンマン。お腹の空いた子どもに自分の顔を食べさせるこのヒーローの生みの親、パン工場のジャムおじさんとバタコさんは人間のような外見をしているが、実は人間ではなかった。

疑うなら『それいけ！アンパンマン』の公式サイトをご覧あれ。同サイトの「Q&A」に、「アンパンマンワールドに人間はいません。ジャムおじさんとバタコさんも人間の姿をしていますが、妖精なんです」という回答が載っている。

ちなみに、この2人は親子でもなんでもない。同サイトでは「一緒に暮らしていますので、非常に家族に近い関係」と意味深。子どもたちの夢を壊さないように、この雑学を話す時は、どうかご注意をお願いしたい。

主な参考文献・サイト一覧

【第１章】
株式会社学研プラス「学研キッズネット」
https://kids.gakken.co.jp/
キリン食生活文化研究所
http://www.kirin.co.jp/csv/food-life/
蔵のまち喜多方　老麺会
http://www.ramenkai.com
しながわ観光協会
http://www.sinakan.jp/
東京中央漬物株式会社「沢庵」
http://www.c-z.jp/chie_takuwan.html
農林水産省
http://www.maff.go.jp/
野崎漬物株式会社
http://www.nozaki-p.com/
ラーメン通販の福岡うまかバイ
http://www.fukuoka-umaka-buy.com/

【第２章】
株式会社学研プラス「学研キッズネット」
https://kids.gakken.co.jp/
TDK 株式会社「テクの雑学」
http://www.tdk.co.jp/techmag/knowledge/
ダイビングスクールノリス
http://www.noris.co.jp/
株式会社誠文堂新光社「コカねっと！」
http://www.kodomonokagaku.com/

【第３章】

株式会社 amaze「ダイエット Slism」
http://slism.jp/

株式会社 ETERNAL「ママテラス」
http://www.mamaterrace.com/

株式会社エバーセンス「こそだてハック」
http://192abc.com/

株式会社ボーダレス・ジャパン「AMOMA」
http://www.amoma.jp/

キリン株式会社「知る・楽しむ　お酒と健康」
http://www.kirin.co.jp/csv/arp/

公益社団法人　アルコール健康医学協会
http://www.arukenkyo.or.jp/

サッポロビール株式会社
「知っておこう！ 上手な飲み方、付き合い方」
http://www.sapporobeer.jp/tekisei/

国立感染症研究所
http://www.nih.go.jp/niid/ja/

Connehito 株式会社「mamari」
http://mamari.jp/

プライベートバンクガイド
http://www.pbguide.jp/

北里第一三共ワクチン株式会社
http://www.daiichisankyo-kv.co.jp/

【第４章】
市川智康『いざというとき役に立つ　仏教質問箱』（水書坊）
ひろさちや『お葬式をどうするか　日本人の宗教と習俗』（PHP研究所）
小山由美子『CD-ROM付き　結婚の準備とマナー　パーフェクトガイド』（西東社）
佐藤幸治『文化としての暦』（創言社）
アクトインディ株式会社「エンディングパーク」
http://en-park.net/
株式会社ユニクエスト・オンライン「小さなお葬式」
http://www.osohshiki.jp/
文京区立森鷗外記念館
http://moriogai-kinenkan.jp/
ＵＢＳ（日本語サイト）
https://www.ubs.com/jp/ja.html
ル・セルヴァン・ウェルスマネジメント
http://lcwm-premier.com/
日本豆腐協会
http://www.tofu-as.com/

【第５章】
福田眞人「明治翻訳語のおもしろさ」（名古屋大学『言語文化研究叢書』第７／2008年）
株式会社USEN
http://www.usen.com/
木曾くらしの工芸館
http://www.kiso.or.jp/
ゲラン株式会社（日本語サイト）
http://www.guerlain.com/jp/ja
公益財団法人　日本オリンピック委員会
http://www.joc.or.jp/
秩父宮記念スポーツ博物館・図書館
http://www.jpnsport.go.jp/muse/

あなたの雑談力を上げる！

まるで本当のような嘘の話

著者　トキオ・ナレッジ

２０１６年９月10日　初版発行

トキオ・ナレッジ（Tokio Knowledge）
誰でも知っていることはよく知らないけど、誰も知らないようなことは妙に詳しいクリエイティブ・ユニット。弁護士、放送作家、大手メーカー工場長、デザイナー、茶人、ライター、シンクタンクＳＥ、イラストレーター、カメラマン、新聞記者、ノンキャリア官僚、フリーター、主夫らで構成される。著書に『正しいブスのほめ方』『大人の常識　ビジネス法則大全』（ともに宝島社）などがある。

発行者　佐藤俊彦
発行所　株式会社ワニ・プラス
〒１５０－８４８２
東京都渋谷区恵比寿４－４－９　えびす大黒ビル７Ｆ
電話　０３－５４４９－２１７１（編集）

発売元　株式会社ワニブックス
〒１５０－８４８２
東京都渋谷区恵比寿４－４－９　えびす大黒ビル
電話　０３－５４４９－２７１１（代表）

装丁　橘田浩志（アティック）
小栗山雄司
イラスト　鈴木順幸
編集協力　株式会社Ｇ．Ｂ．
印刷・製本所　大日本印刷株式会社

ISBN 978-4-8470-6100-4
ワニブックスＨＰ　https://www.wani.co.jp